中国寿险业智力资本与经营绩效关系研究

杨晓敏　著

WUHAN UNIVERSITY PRESS
武汉大学出版社

图书在版编目(CIP)数据

中国寿险业智力资本与经营绩效关系研究/杨晓敏著．—武汉：武汉大学出版社，2018.6
ISBN 978-7-307-20166-8

Ⅰ．中…　Ⅱ．杨…　Ⅲ．人寿保险—研究—中国　Ⅳ．F842.62

中国版本图书馆 CIP 数据核字(2018)第 098215 号

责任编辑：林　莉　　责任校对：李孟潇　　版式设计：韩闻锦

出版发行：**武汉大学出版社**　(430072　武昌　珞珈山)
(电子邮件：cbs22@whu.edu.cn 网址：www.wdp.com.cn)
印刷：北京虎彩文化传播有限公司
开本：720×1000　1/16　印张：14　字数：201 千字　插页：1
版次：2018 年 6 月第 1 版　　2018 年 6 月第 1 次印刷
ISBN 978-7-307-20166-8　　定价：48.00 元

目　　录

导　论

第一节　选题背景

与工业经济时代的资金、设备、原材料等资源在企业发展过程中占据的重要地位不同，后工业经济时代的智力资本正逐渐取代土地、资本和劳动力成为企业保持持久竞争优势的核心资源。早在1951年，Koopmans就提出产生经营效率低下的首要原因，是管理者的失误，他们未能充分利用资源，导致投入要素的浪费①。有学者最新估计表明，当前企业所创造价值中的50%—90%来源于对智力资本的管理，而不是对实物资产（有形资产）的管理②。有数据显示，20世纪90年代末期的公司市场价值与账面价值之比接近于21，而这个值比1945年到1990年间公司市场价值与账面价值之比的平均值高出一倍多；美国微软公司2000年第二季度的账面价值不足450亿美元，而其市场价值却高达6000亿美元；可口可乐、英特尔、通用电气等国际知名大公司的净资产价值与其市场价值的差距也非常巨大。正如Sullivan et al.（2000）所言，有形资产已经不再是公司价值的主要构成部分。

伴随着知识经济时代的到来，以劳动分工为基础的物质资本的

---

① Koopmans T. C. An Analysis of Production as an Effficient Combination of Activities [J]. Cowles Commission for Research in Economics, 1951, 3(13): 33-96.

② 原毅军，柏丹. 智力资本的价值评估与战略管理 [M]. 大连：大连理工大学出版社，2009：21-22.

重要性逐渐下降，以智力资本为核心内容的无形资产的重要性逐渐提高。企业的经济基础也逐渐发生转变：从物质资本转向物化于产品中的知识和人的智力。随着知识更新速度的加快，知识密集度不断增强，组织知识大量快速地交融促进了企业技术的创新，而技术的创新反过来又能促进企业对知识的依赖。同时，学者们注意到，知识工人在企业员工中所占的比重不断增大，如 Peter Pawlowsky (2001) 研究发现，1995—1999 年企业知识工人所占的比重是 1982—1995 年的近 4 倍①。

从企业发展的实践可知，智力资本已成为企业核心竞争力的源泉。即使智力资本在企业价值创造的过程中起着重要的作用，管理者往往忽视智力资本的价值，对智力资本的管理不够重视②。现阶段，学术界对智力资本与企业绩效的关系进行了大量的实证研究，但尚未得出一致的结论，且已有文献的研究对象多数是非金融类企业，对金融类企业特别是保险业的智力资本与经营绩效之间的关系研究较少。在已有的实证研究中经常出现诸如“由于金融保险企业的经营特殊性，本书将在实证研究中剔除这些样本”，意味着金融机构的特殊性。现有文献从不同的行业入手，发现智力资本对绩效的影响程度存在着行业差异性，因此，研究特定行业的智力资本、经营绩效及其关系以便挖掘发现影响经营绩效的敏感人力资源因素，就显得尤为重要。

保险业是现代金融业的三大支柱之一，承担着为国民经济发展、社会稳定和谐及人民生活安定提供风险保障的重任。2005 年，在结束入世三年过渡期后，中国的寿险市场开始步入国际化的加速发展期。2006 年至 2010 年的 5 年间，全国原保险保费收入的平均增长率为 26.68%。其中，寿险业务的平均保费收入是全国保险业保费收入总额的 66.33%，与人身意外险、财险、健康险相较而

① 李冬琴，黄晓春．智力资本：概念、结构和计量述评［J］．科学学管理，2003(12)：210-213.

② 李冬琴，黄晓春．智力资本：概念、结构和计量述评［J］．科学学管理，2003(12)：210-213.

言，寿险业在整个保险行业中地位突出①。2010 年，人身险保费突破 10632.33 亿元，年均增长率 23.79%。然而，按照新的会计准则统计口径，2011 年人身险保费收入(包括产险公司经营的意外险、短期健康险收入)为 9721.43 亿元，同比减少 780 亿元，下降 7%，数值上看人身保险费收入近 20 年首次出现负增长。随着外资保险企业的进入，人寿保险市场主体快速增多，竞争逐步加强。从 2001 年到 2011 年，人身险市场的行业集中度 CR1 从 0.6534 下降到 0.3329，CR_4从 0.9742 下降到 0.6540，赫芬达尔-赫希曼指数(HHI)从 0.4836 下降到 0.1589，市场集中度继续下降，市场竞争不断加剧。从 CR_4指标看，人身险市场仍属于寡占型市场，但从 HHI 指标上看，人身险市场已经低于 0.18，我国人身险市场即将进入竞争型市场。伴随着竞争力的加剧，我国人身保险的盈利能力(净资产收益率)也从 2007 年的 20%，回落至 2011 年的 15% 以内②。

与外资保险企业相比，我国保险业一直采用较为粗放的发展方式。竞争激烈、国家定价利率管制的推动加剧我国保险业的竞争和挑战，各家保险企业的生存竞争将集中体现为经营绩效的竞争。中国寿险市场长期以来一味强调扩大业务范围，强调“重规模轻质量、重结果轻过程”的发展理念，忽略了企业经营绩效的变化情况，进而掩盖了公司内部可能存在的经营管理问题。本书借此研究背景，借鉴国内外相应研究成果，运用《中国保险年鉴》和各寿险公司 2007—2013 年的财务报表数据，探索中国寿险业智力资本及其构成要素与经营绩效之间的关系，为中国寿险企业提高经营绩效提供理论支撑，为寿险业的人力资源管理和经营管理提供管理启示。

---

① 姜永宏，蒋伟杰. 中国寿险需求影响因素研究：基于省级面板数据的实证分析［J］. 暨南学报，2014(181)：36-43.

② 罗忠敏，王力. 中国保险业竞争力报告(2012—2013)——转型的艰难起步［M］. 北京：社会科学文献出版社，2013：96-98.

第二节　研究目标与意义

一、研究目标

以保险业的管理实践为研究背景，结合中国寿险业经营业务的特点，根据本书的研究内容，归纳出本书的研究目标如下：

理论目标：(1)构建中国寿险业智力资本与经营绩效关系的动态模型，并以中国寿险业2007—2013年经营业绩为数据来源，实证分析并检验智力资本及其构成要素对中国寿险业的经营绩效是否有显著影响，以发展和完善金融保险业智力资本和经营绩效相关理论研究成果。(2)对中国寿险业智力资本与经营绩效关系模型加入智力资本各构成要素与物质资本的交乘项，以明确智力资本各构成要素对寿险业经营绩效的影响路径。

应用目标：通过对不同绩效、不同规模、不同成立年限、不同所有权性质下智力资本与经营绩效关系的差异分析，为阐明不同条件的中国寿险公司的智力资本管理提供参考。

二、研究意义

本书的研究意义表现在两个方面：理论意义和实践意义。

(一)理论意义

1. 完善和丰富了智力资本理论和经营绩效理论。

与国外研究相比，我国对保险行业智力资本与经营绩效之间关系的研究尚属空白。现有的研究多侧重于上市公司、知识密集型产业、高新技术产业、电信能源产业等，对金融行业智力资本与经营绩效的研究很少，且以银行业为研究对象。本书以保险业智力资本与经营绩效的关系为研究对象，运用理论与实证相结合的研究方法，采用经营绩效的综合评价指标体系，结合中国寿险业的经营业务特点，分解出智力资本另一重要构成要素——关系资本，进而构建智力资本与经营绩效的关系模型，以便分析智力资本及其构成要素对中国寿险业经营绩效的影响，以补充和丰富金融业智力资本与经营绩效关系的研究。

2. 发现智力资本各构成要素对中国寿险业经营绩效的影响路径。

智力资本各要素与企业经营绩效之间的关系，有的以直接形式表现，有的以间接形式表现。厘清智力资本各构成要素与经营绩效之间的关系特点，能够更加清楚有效地为中国寿险业的经营管理提供智力资本管理方面的指导，以便更加有效地提高企业的经营绩效。

3. 为中国寿险业加强智力资本管理提供理论依据。

现有的智力资本与绩效之间的研究成果为企业经营管理提供了较为丰厚的理论依据，从智力资本概念的提出至今，智力资本的发展经历了从概念规范到理论应用的飞跃。目前，活跃在智力资本管理领域的研究主题为该行业的智力资本管理提供了理论依据，本书抓住智力资本与经营绩效关系这一研究主题，其成果将在一定程度上为智力资本的评价和管理提供理论依据。

（二）实践意义

1. 为中国寿险业提高经营绩效提供有价值的参考。

本书通过对智力资本各构成要素与寿险业经营绩效的关系分析，弄清智力资本各构成要素影响经营绩效的作用方向和作用机制，以期对中国寿险企业智力资本管理提供理论指导的同时，也为企业提高中国寿险业的经营绩效提供参考。

2. 通过对企业经营绩效及企业特征的分组研究，有利于为不同规模、不同成立年限、内外资企业提供有关智力资本管理的方向指导，以达到提高企业经营绩效的目的。

为提升中国寿险业的竞争力，并建立中国保险业的竞争优势，必须加强对智力资本的管理。本书通过理论研究和实证研究发现智力资本与经营绩效可能存在的密切关系，从而有助于保险行业重视智力资本的管理，使其成为真正的第一资源，成为保险业持续竞争的优势资源。

第三节　研究内容与结构安排

一、研究内容

本书通过对智力资本和经营绩效理论的综述以及对我国寿险业相关问题的现状分析，梳理智力资本与经营绩效的相关理论基础和研究前沿动态，综合运用多种定性、定量研究方法，对智力资本和中国寿险业的经营绩效展开理论与实证的研究，重点研究以下几个方面：

1. 研究中国寿险业智力资本各构成要素与经营绩效的关系。

本书首先对当期智力资本及其构成要素与当期经营绩效的静态关系展开研究；其次研究前期智力资本及其构成要素与本期经营绩效的动态关系，以期探究智力资本整体及其构成要素对中国寿险业的经营绩效是否产生显著的影响。

2. 探索中国寿险业智力资本中人力资本、结构资本、关系资本对经营绩效的影响路径。

通过对回归模型引入交乘项，探索智力资本的三个构成要素与物质资本的交互作用对中国寿险业经营绩效的间接关系，以期发现中国寿险业智力资本各构成要素与经营绩效之间的关系路径。

3. 分析不同组别间智力资本与经营绩效之间关系的差异。

为了更加深入地探讨智力资本与经营绩效之间的关系，通过分组的方法研究不同经营绩效、不同企业规模、不同成立年限、内外资组寿险公司的智力资本各构成要素与经营绩效之间的关系，为不同类型的寿险企业智力资本经营管理提供依据。

二、本书结构

本书共分六章：(1)文献综述；(2)相关理论基础；(3)中国寿险业的发展现状、经营业务的特殊性分析及智力资本探析；(4)研究模型与数据来源；(5)中国寿险业智力资本与经营绩效关系的实证研究；(6)结论与建议。对应的结构安排如图 1 所示。

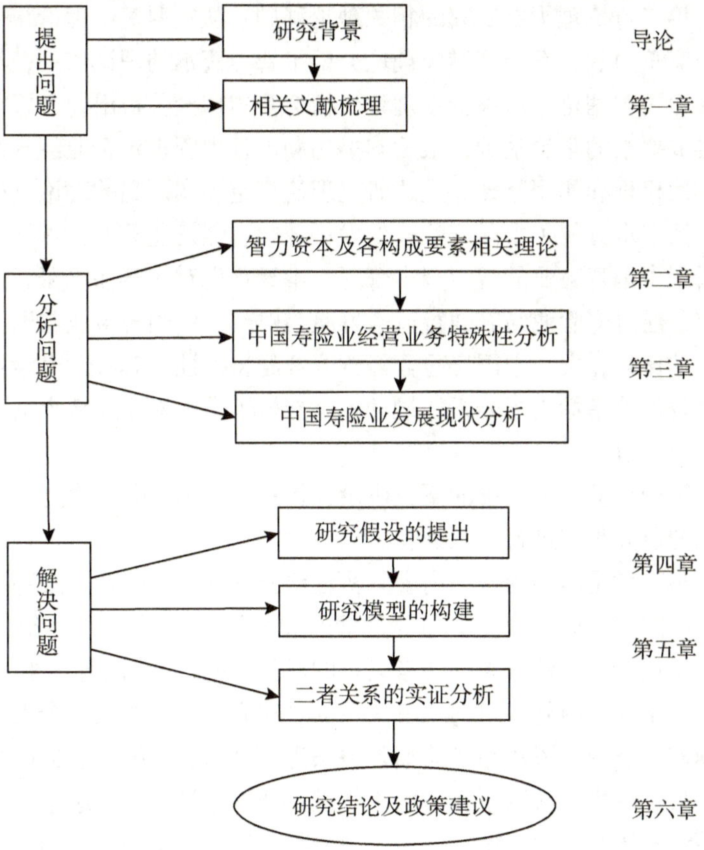

图1　本书研究框架

本书导论部分主要依据研究背景提出本书的研究问题，在陈述本书的研究目的及研究意义之后，阐述采用的研究方法及技术路线。

第一章首先梳理了包括智力资本的概念、结构和计量等相关文献；其次，在此基础上系统地评述了智力资本理论的研究进展，进而评述了企业经营绩效评价、保险业经营绩效的研究现状，智力资本与绩效关系的静态研究和动态研究，智力资本对企业绩效的影响机制等；最后分析和总结了已有研究的关键发现、理论及研究方法中存在的缺陷，为本书的研究找出切入点。

第二章梳理了本研究的相关理论基础。从资源基础理论、企业核心竞争力观、新经济增长理论分析了智力资本的理论依托，然后从人力资本理论、组织资本理论、社会资本理论分析出智力资本三个构成要素的理论基础，最后本书勾勒出智力资本对企业经营绩效的作用机理和作用路径。上述研究理论奠定了本研究的理论基础。

第三章分析了中国寿险业的发展现状、经营业务的特殊性，并探析了中国寿险业的智力资本管理。本章首先对人寿保险概念进行界定，通过寿险业与其他行业、寿险与财险、中国寿险业与国际寿险业的比较，发现中国寿险业经营业务的特殊性；其次对寿险业经营绩效评价指标进行分析；最后本章探析了中国寿险业智力资本的构成及特点。

第四章提出了本书的研究假设，构建了本书的研究模型，并对获取的研究数据进行了预处理。

第五章是本书的核心内容。实证研究部分主要包括三个部分内容：中国寿险业智力资本与经营绩效关系的静态研究、动态研究、路径发现；以绩效分组的二者关系的对比研究；不同企业规模、不同成立年限、内外资组的二者关系的对比研究。本章从多个视角对中国寿险业智力资本与经营绩效关系进行全面、系统的实证研究。

第六章主要就以下四方面工作进行开展：第一，总结本书的研究结论和研究发现；第二，为中国寿险业智力资本的管理和经营管理提出了启示和相应的政策建议；第三，总结了本书的研究创新；第四，总结了本书的研究局限及后续研究展望。

第四节　研究方法与技术路线

一、研究方法

为了实现预期的研究目标并对前述的研究内容进行研究，本书综合运用管理学、经济学、计量经济学、统计学等基本理论采用定量和定性相结合的方法，重点围绕寿险业智力资本与经营绩效的关系进行深入、系统的研究。

（一）文献回顾

通过文献的检索、阅读和分析，了解国内外学者对智力资本和绩效关系的前沿研究动态，以此为基础，准确地分析和评价国内外学者研究的现状和不足，结合中国保险业经营业务的特殊性，形成本书的研究思路、研究模型和研究假设。

（二）实证研究

1. 运用 Stata 11.0 处理本研究所获取的非平衡面板数据。根据本研究数据的特点，先进行数据的平稳性检验，然后确定模型的类型，最后根据模型回归结果分析中国寿险业智力资本与经营绩效之间的关系，以验证本研究的概念模型与研究假设是否成立。

2. 运用因子分析方法对企业经营绩效求因子得分，以因子得分作为分组研究的依据。

（三）比较研究

通过对各主要国家保险业保险密度、保险深度的比较分析，对中国保险业的国际地位作出比较准确的定位；通过对中国寿险业与发达国家寿险业在产品开发、营销渠道、客户服务、投资等方面的比较分析，总结中国寿险业在发展过程中存在的问题。

（四）分组分析

通过对中国寿险业经营绩效的分组研究，对比分析高绩效组、中等绩效组和低绩效组智力资本与经营绩效关系的差异；通过对不同规模、不同成立年限、内外资组智力资本与经营绩效关系的比较分析，为不同类型的寿险公司智力资本管理提供经营管理依据。

二、技术路线

本书的技术路线，如图 2 所示，分为四部分内容，第一部分是本书研究问题的提出、研究目标和研究方法的总体介绍；第二部分是本书的理论研究部分。此部分主要在对相关理论分析的基础上，剖析出中国寿险业经营业务的特殊性，之后探析出中国寿险业智力资本的特点。第三部分是实证研究部分。本部分首先构建了中国寿险业智力资本与经营绩效的关系模型，对数据进行实证分析，以检

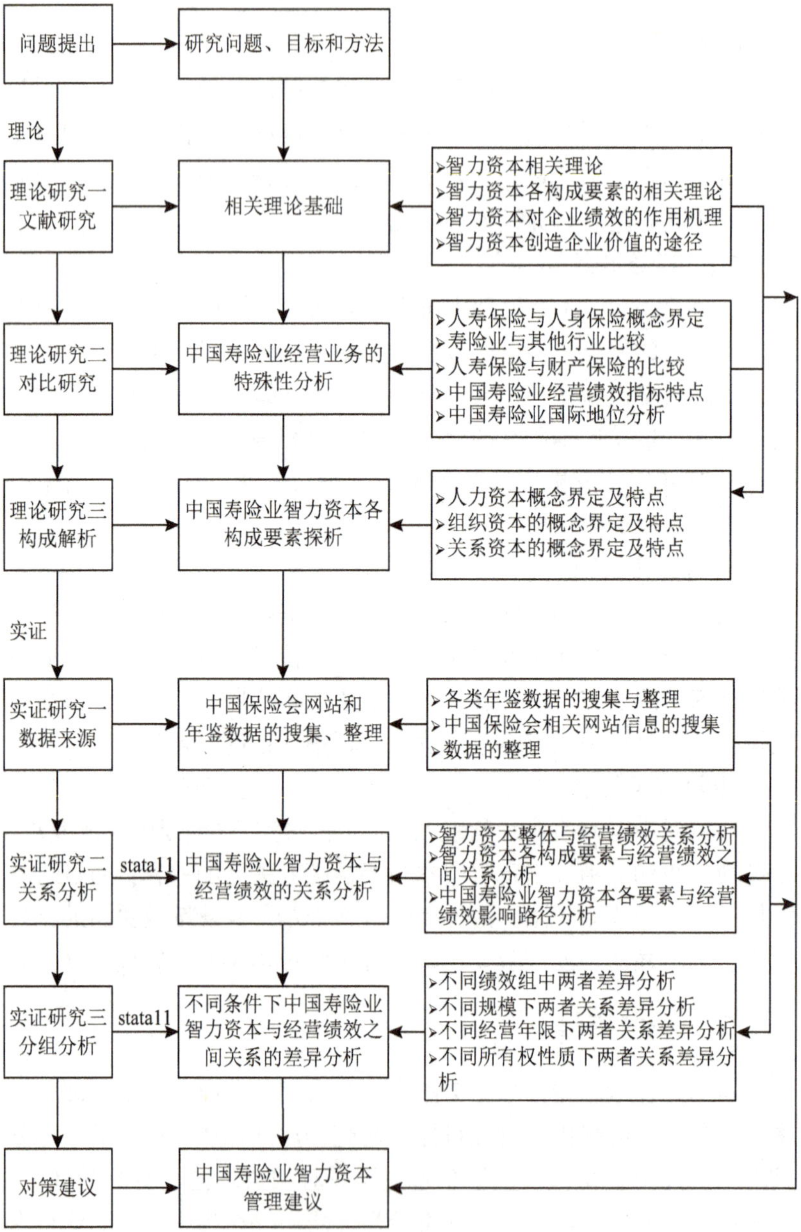
问题提出
研究问题、目标和方法
理论
理论研究一文献研究
相关理论基础
智力资本相关理论
智力资本各构成要素的相关理论
智力资本对企业绩效的作用机理
智力资本创造企业价值的途径
理论研究二对比研究
中国寿险业经营业务的特殊性分析
人寿保险与人身保险概念界定
寿险业与其他行业比较
人寿保险与财产保险的比较
中国寿险业经营绩效指标特点
中国寿险业国际地位分析
理论研究三构成解析
中国寿险业智力资本各构成要素探析
人力资本概念界定及特点
组织资本的概念界定及特点
关系资本的概念界定及特点
实证
实证研究一数据来源
中国保险会网站和年鉴数据的搜集、整理
各类年鉴数据的搜集与整理
中国保险会相关网站信息的搜集
数据的整理
实证研究二关系分析
stata11
中国寿险业智力资本与经营绩效的关系分析
智力资本整体与经营绩效关系分析
智力资本各构成要素与经营绩效之间关系分析
中国寿险业智力资本各要素与经营绩效影响路径分析
实证研究三分组分析
stata11
不同条件下中国寿险业智力资本与经营绩效之间关系的差异分析
不同绩效组中两者差异分析
不同规模下两者关系差异分析
不同经营年限下两者关系差异分析
不同所有权性质下两者关系差异分析
对策建议
中国寿险业智力资本管理建议

图 2　技术路线图

验本书提出的研究假设；其次对经营绩效、企业规模、成立年限、所有权性质分别进行分组研究，以发现两者关系的差异；最后，得出本书的研究结论，即中国寿险业智力资本影响经营绩效的机理与路径。

第一章　文献综述

本章从三个方面梳理了与本研究相关的文献：(1)智力资本的相关研究综述；(2)经营绩效的相关研究综述；(3)智力资本与经营绩效关系的研究综述。最后评述了国内外学者对智力资本与经营绩效关系的理论和实证研究，提出了本研究的切入点。

第一节　智力资本相关研究综述

一、智力资本的概念

早在两百多年前，亚当·斯密在其《国富论》中就强调了人的知识对于财富创造的重要性。第二次世界大战后，由于智力资本对经济加速发展产生推动作用，而被重视和研究。20 世纪 60 年代，随着公司会计理论和实践的发展，研究者和实践者发现：企业的账面价值与其真实的市场价值并不相同，财务信息不能全面地反映企业的价值，有多种形式的无形资产价值不能被反映和计量。1993 年 Leif Edvinsson 在斯堪迪亚金融公司的年报附录中，开创性地使用我们现在意义上的“智力资本”代替会计术语“无形资产”①。学界对智力资本的研究，主要集中在概念、结构、测量、报告等方面。

对智力资本的概念，国外学者从资本、资产、管理等角度给出

① Edvinsson L., Malone S. Intellectual Capital: The Proven Way to Establish Your Company's Real Value by Measuring its Hidden BrainPower [M]. London: Piatkus, 1997.

了不同的定义①。智力资本发展中的代表人物 Stewart(1997)②、目前最具影响力的经合组织(Organization for Economic Co-operation and Development，OECD)③所提出来的定义及其他国外学者的主要定义列举如表 1-1。

表 1-1 **智力资本定义列举**

研究者	年份	定　义
Hall	1989	智力资本包括智力产权，也就是专利、商标、注册设计、版权、商誉、组织和个人的网络以及高技术雇员的知识和专长
Edvinsson and Sullivan	1996	智力资本是能够转化价值的资本④
Edvinsson and Malone	1997	智力资本是能够给组织带来竞争力的财产，包括知识、组织技术、经验、专业技能、客户关系等⑤
Stewart	1997	智力资本是能被用来创造财富的智力材料，比如知识、知识产权、信息、经验等⑥

① Bernard Marr，Karim Moustaghfir. Defining Intellectual Capital a Three-dimensional Approach[J]. Management Decision，2005，43(9)：1114-1128.

② Stewart A. Intellectual Capital：The New Wealth of Organizations [M]. New York：Doubleday/Currency，1997.

③ Organization for Economic Co-operation and Development(OECD)，Final Report：Measuring and Reporting Intellectual Capital：Experience，Issues，and Prospect [M]. Paris：OECD，2000.

④ Edvinsson L.，Sullivan P. Developing a Model for Managing Intellectual Capital [J]. European Management Journal，1996，14(4)：356-364.

⑤ Edvinsson L.，Malone S. Intellectual Capital：Realizing Your Company's True Value by Finding its Hidden Brainpower [M]. New York：Harper Business Press，1997.

⑥ Stewart A. Intellectual Capital：The New Wealth of Organization [M]. New York：Bantam Double Day Dell Publishing Group，1997.

续表

研究者	年份	定　　义
Urich	1998	智力资本是能力(Competence)与承诺(Commitment)的乘积
Bontis et al.	1999	智力资本是一个用来对组织的所有无形资产及其内部关系进行归类的概念①
OECD	1999	智力资本是能创造经济价值的两类无形资产：组织资本(结构资本)和人力资本
Kapalanand Norton	2004	智力资本包括人力资本(知识、技术和才能)、信息资本(信息系统、数据库和技术设施)、组织资本(文化、领导风格和分享知识的能力)

资料来源：作者根据相关文献整理所得。

国内学者党兴华(1999)、袁丽(2000)、谭劲松(2001)、袁庆宏(2001)也提出了智力资本的定义②，共同认为智力资本能够给企业带来更高的价值。

二、智力资本的结构

为了报告和管理智力资本，研究者们提出了多种模型：无形资产监管模型、平衡计分卡、斯堪迪亚价值模型、价值平台、智力资本账户，在不同的框架模型中，智力资本这一概念所包含的内容并不相同③。Richard Petty(2000)提供了一个有趣的框架以比较上述

① Bontis N. There's a Price on Your Head: Managing Intellectual Capital Strategically [J]. Ivey Business Quarterly, 1999, 60(4): 40-47.

② 秦辉，王瑜伟．智力资本提升组织绩效了吗？——基于Meta分析的检验 [J]. 科学学与科学技术管理，2014(3): 154-163.

③ 饶伟国．公共组织智力资本配置之道 [M]. 北京：北京大学出版社，2012: 47-49.

几种重要模型对智力资本的分类①。如表 1-2 所示。

表 1-2　　　　**不同模型框架下的智力资本分类**

代表人物	框架	分类
Sveiby(1998, 1997)	无形资产监管模型	内部结构、外部结构、员工能力
Kaplan and Norton (1992)	平衡计分卡	内部营运视角、消费者视角、学习和成长视角、财务视角
Edvinsson and Malone (1997)	斯堪迪亚价值模型	人力资本、结构资本、关系资本
Baruch Lev(2001)	价值链计分板模型	发现和学习阶段、实施阶段、商业化阶段②

资料来源：作者根据相关文献整理所得。

围绕智力资本的结构，研究者的定义主要表现在两个层面上的差异：(1)哪些内容应该涵盖在智力资本这一框架下。Petty and Guthrie(2000)认为，OECD 对智力资本的定义有效地把智力资本和无形资产区分，比如商誉属于无形资产但不是智力资本③；OECD 在给智力资本定义的同时，也给出了最切实可行分类，它把智力资

① Richard Petty. Intellectual Capital Literature Review: Measurement, Reporting and Management [J]. Journal of Capital Literature Review, 2000, 2(1): 155-176.

② Baruch Lev. Assessing Knowledge Assets: A Reviews of the Model Used to Measure Intellectual Capital [J]. Intellectual Journal of Management Reviews, 2001, 3(1): 41-60.

③ Richard Petty, James Guthrie. Intellectual Capital Literature Review: Measurement, Reporting and Management [J]. Journal of Intellectual Capital, 2000, 1(2): 155-176.

本分为组织资本(结构资本)和人力资本①。Brooking(1996)的框架认为，智力资本由市场资产、人力资产、智力资产及期初设施资产所组成②。Haanes and Lowendahl(1997)从资源的角度分析智力资本的结构，他们认为智力资本可以分为能力资源和关系资源两大类，其中能力资源存在于个人和组织层面③。Subramaniam and Youndt(2005)基于经验研究认为当今的组织和经济中关系网络的作用强大，个人的关系网络也应该纳入到人力资本当中来④。(2)智力资本包含的内容应该分为几类。由于论者对智力资本各要素重要程度的变化、研究视角的差异不同，二元说(人力资源和结构资本)和三元说(人力资本、结构资本、关系资本)是当前学术界的主流。二者争论的焦点在于关系资本是否应该单独列出，因为它并不直接作用于组织绩效⑤。主张二元说的代表作者：Anny Bligin，Edvinsson and Sullivan(1996)⑥，OPED(2000)⑦，Chen M. C and

① Organization for Economic Co-operation and Development(OECD). Final Report: Measuring and Reporting Intellectual Capital: Experience, Issues, and Prospects, June and Prospects[M]. Paris: OECD, 2000.

② Annie Brooking. Intellectual Capital: Core Assets for the Third Millennium Enterprise [M]. London: Thomson Business Press, 1996.

③ Haanes K., Lowendahl B. The Unit of Activity: Towards an Alternative to the Theories of the Firm [M]. Copenhagen: John Wiley and Sons Ltd, 1997.

④ Mohan S., Mark A. Y. The Influence of Intellectual Capital on the Types of Innovative Capabilities [J]. Academy of Management Journal, 2005, 48(3): 450-463.

⑤ 原毅军，张晓峰，王萌．企业绩效角度的智力资本评估 [J]. 科学学研究，2007，8(2)：241-246.

⑥ Edvinsson L., Malone S. Intellectual Capital: Realizing Your Company's True Value by Finding its Hidden Brainpower[M]. New York: Harper Business Press, 1997.

⑦ Organization for Economic Co-operation and Development(OECD). Final Report: Measuring and Reporting Intellectual Capital: Experience, Issues and Prospects [M]. Paris: OECD, 2000.

Cheng S. J(2005)①, Clarke M. et al.(2011)②。主张三元说的代表作者：Hubert(1996)③, Youndt(1996)④, Edvinsson and Sullvin(1997)⑤, Bontis(1999)⑥, Hsu L. C and Wang C. H(2012)⑦, 陈佳贵和黄群惠(1998)⑧、原毅军、张晓峰和王萌(2007)⑨。

文献梳理结果表明，虽然不同的学者把智力资本结构划分为不同的要素，但总体来说，Edvinsson 的智力资本三元论得到了比较广泛的认可和采纳。Petty(2000)指出关系资本因受组织内外部环境的影响，具有很强的流动性与可变性，因而从本质上讲与具有稳定特点的结构资本有所不同，不能简单地将其划归为结构资本的范畴。而非主流的流程资本和创新资本从本质上讲属于组织的支持性

---

① Chen M. C, Cheng S. J, Hwang Y. An Empirical Investigation of the Relationship between Intellectual Capital and Firm's Market Value and Financial Performance [J]. Journal of Intellectual Capital, 2005, 6(2): 159-176.

② Clarke M., Seng D. Whiting R. H. Intellectual Capital and Firm Performance in Australia [J]. Journal of Intellectual Capital, 2011, 12(4): 505-530.

③ Hubert, Saint Onge. Tacit Knowledge: The Key to the Strategic Alignment of Intellectual Capital [J]. Strategy & Leadership, 1996, 24(2): 10-14.

④ Youndt M. A, Snell S. A. Human Resource Management, Manufacturing Strategy and Firm Performance [J]. Academy of Management Journal, 1996, 39(4): 836-866.

⑤ Edvinsson L., Malone S. Intellectual Capital: Realizing Your Company's True Value by Finding its Hidden Brainpower [M]. New York: Harper Business Press, 1997.

⑥ Bontis N. There's a Price on Your Head: Managing Intellectual Capital Strategically [J]. Ivey Business Quarterly, 1999, 60(4): 40-47.

⑦ Hsu L. C, Wang C. H. Clarifying the Effect of Intellectual Capital on Performance: The Mediating Role of Dynamic Capability [J]. British Journal of Management, 2012, 23(2): 179-205.

⑧ 陈佳贵，黄群惠．无形资产管理及其对我国企业改革发展的意义[J]. 管理世界，1998，6：129-137.

⑨ 原毅军，张晓峰，王萌．企业绩效角度的智力资本评估 [J]. 科学学研究，2007，8(2)：241-246.

结构，应归于结构资本的范畴①。因此，以人力资本、结构资本和关系资本为基础的三因素观点最能表达智力资本的本质特征，同时也符合智力资本的多元性特点②。

Petty and Guthrie(2000)也是三元论的支持者，他在对无形资产监管模型修正的同时，对智力资本的内容和分类重新进行了界定③，Stewart(1997)对智力资本进行了非常形象的诠释④，我国学者李冬琴、黄晓春⑤则从企业所有权角度对智力资本分类，具体内容如表 1-3 所示。

表 1-3 智力资本三元论具体内容及所有权特征

代表性作者	智力资本		
	内部：员工能力（人力资本 HC）	内部：组织（结构资本 SC）	外部：消费者（关系资本 CC）
Stewart (1997)	员工头脑中的知识	晚上不能带回家的知识	市场营销渠道、顾客忠诚、企业信誉等经营性资产
Guthrie & Petty (2000)	专业技能、学历、职业资格、与工作相关的知识与技能、企业精神、创新性、应变力、可变性	知识产权（商标、版权、专利）；基础设施资产（管理哲学、企业文化、管理过程、信息系统、联网系统、财务关系）	品牌、消费者、消费忠诚度、公司知名度、销售渠道、业务合作、特许权协定、有力的合同、特许权经营协议

① Edvinsson L., Malone S. Intellectual Capital: Realizing Your Company's True Value by Finding its Hidden Brainpower [M]. New York: Harper Business Press, 1997.

② 朱瑜，王雁飞，蓝海林．智力资本理论研究新进展［J］. 外国经济与管理，2007，12：50-56.

③ Petty R., Guthrie J. Knowledge Management and the Measurement of Intangibles [J]. Management Today, 2000, 3(6): 125-132.

④ Thomas A., Stewart. Intellectual Capital: The New Wealth of Organizations [M]. New York: Doubleday/Currency, 1997.

⑤ 李冬琴，黄晓春．智力资本：概念、结构和计量述评［J］. 科学学管理，2003(12)：210-213.

续表

代表性作者		智力资本		
		内部：员工能力（人力资本 HC）	内部：组织（结构资本 SC）	外部：消费者（关系资本 CC）
李冬琴，黄晓春（2003）		不可拥有 可以控制	完全拥有 完全控制	部分拥有 部分控制
Bonits（1999）	本质	智能	营运程度	关系
	评估参数	数量	效率	期限
	明文化困难度	高	中等	最高

资料来源：作者根据相关文献整理所得。

三、智力资本的计量

表 1-4　　**智力资本计量理论的比较**

理论基础	传统智力资本思想	基于结果导向	基于构成导向
代表性人物	Zagreb		
主导思想	智力资本等同于总的劳动力成本	智力资本是导致企业价值超出其常规水平的根本原因	划分 IC 非常详细
方法	VAIC	①市场与账面价值差额法②托宾 Q 值法③EVA TM④无形资产计算法	①斯堪迪亚测量框架 ②平衡计分卡测量框架
指标特点	（销售收入-销售成本）/智力资本	财务评价：①智力资本=企业市价-企业财务资本价值②IC=市场价值/资产重置成本	①对应指标：斯堪迪亚导航器模型与无形资产监视器模型(IAM)②包含平衡计分卡、业绩棱镜和知识计分卡

资料来源：作者根据相关文献整理所得。

注释：①EVA TM=Residual Income+Accouting Adjustment=NOPAT(税后净营运利润)-资金成本；②智力资本可以用公司有形资产收益中超出行业平均水平的那部分收益衡量；斯堪迪亚导航器模型将智力资本分为五个组成部分：顾客、财务、人力资源、运作过程、更新与发展；无形资产监视器模型通过类比的手法将指标转化为两类指标：货币金额和百分率。

表 1-5　　不同智力资本计量方法的比较

	方法	优点	缺点
总体评价法	市场与账面价值差额法	计算简单	把账面上已确认的属于智力资本的无形资产排除；市价易受非智力资本因素的影响
	托宾 Q 值	计算简单，容易理解	由于资本市场定价不准确，对智力资本价值创造机制的理解，存在误导的可能
	无形资产计算法	考虑了同行业竞争对手的经营情况；克服了市场的不稳定性	税前收益的计算易受会计方法的影响，贴现率选择较为困难
	经济增加值法	考虑了资金成本，计算结果更有意义	会计收益的计算存在缺陷；资金成本和贴现率的选择较为困难
会计计量角度的分项研究	市场法	符合经济学的观点，易于理解和接受	被评估对象需有参照物，且评估对象与参照物之间的差异不易调整
	成本法	相对比较客观	历史成本原则无法估计对未来盈余的贡献
	收益法	最符合财务管理理论	未来盈余能力的计算可靠性差，贴现率不易选择
资产管理角度的分项研究	智力资本监控器	对智力资本状况的报告可以明确地看出智力资本的强项和弱项	对智力资本价值增加和定价测量缺乏，无法对公司价值进行全面计量
	智力资本技术经纪人模型	能提醒企业关注智力资本问题；问卷方式简便易行，无需耗费过多成本	对定性问题简单转换，使得计量结构可信性受影响
	价值创造指数	模型的测量与市场价值高度相关，客观性强；有利于把握智力资本价值驱动因素	缺乏各价值驱动因素间关系的分析，具体的计量需借助总体计量方法

续表

	方法	优点	缺点
系统评价法	斯堪迪亚导航器	把公司的现在和未来相结合，系统地管理和报告智力资本	无法兼顾企业文化、组织学习能力和职工的创造力；相对指标无法计算智力资本的实际价值；指标假设并不完全合理
	平衡计分卡	从财务、顾客、内部运作流程、学习和成长角度来衡量企业的智力资本	不能够同时满足管理层和股东的需要
	智力资本指数	反映智力资本要素的变动，它可以预测未来；提高了客观性	缺乏普遍性，难以推广

资料来源：作者根据朱中永、陈彬(2007)《智力资本计量方法的比较研究》和杨利红(2012)《智力资本计量方法的比较与应用》等相关文献整理所得。

表1-5总结了智力资本测量和估计模型及其优缺点。然而，很少有研究分析这些模型之间的内部联系。Edvinsson and Malone (1997)提出斯堪迪亚导航器(The Skandia Navigator)是智力资本测量模型中最早的一个①。该模型提出了智力资本的三个构成要素(人力资本、结构资本和关系资本)。同时把创新和发展资本作为独立要素识别出来。Bontis (2004)在斯堪迪亚导航器概念模型基础上，构建了一个智力资本系数(A National IC Index)②。Pulic

① Edvisson L., Malone S. Intellectual Capital: Realizing Your Company's True Value by Finding its Hidden Brainpower [M]. New York: Harper Collins, 1997.

② Bontis N. National Intellectual Capital Index: a United Nations Initiative for the Arab Region[J]. Journal of Intellectual Capital, 2004, 5(1): 13-39.

(1998①, 2000②, 2004③)以斯堪迪亚导航器为基础, 形成了价值创造效率分析指数, 即智力增值系数(Value Added Intellectual Coefficient), 这个指数可以从财务报告中获取数据④。该模型同时确定了智力资本的规模和效率, 而不仅仅是数量和价格。Pulic (2004)也因其他智力资本模型缺乏可比较性和适用范围而对此提出了批评⑤。Fire and Williams(2003)⑥, Andriessen(2004)⑦指出尽管智力增值系数有局限性, 但由于它采用的输入数据来自经过审计的财务报表, 因而仍得到广泛应用。Jamal A., Nazari and Irene M., Herremans(2007)以斯堪迪亚导航器的概念模型为基础, 对智力增值系数(VAIC)进行了扩展, 具体分类如图 1-1 所示⑧。

---

① Public A. Measuring the Performance of Intellectual Potential in Knowledge Economy [N]. Paper Presented at the 2nd Word Congress on Measuring and Managing Intellectual Capital, McMaster University, Hamilton.

② Public A. VAIC—An Accounting Tool for IC Management [J]. International Journal of Technology Management, 2000, 20(5): 702-714.

③ Public A. Intellectual Capital—Does It Create or Destroy Value? [J]. Measuring Business Excellence, 2004, 8(1): 62-68.

④ Public A. Measuring the Performance of Intellectual Potential in Knowledge Economy [N]. Paper Presented at the 2nd Word Congress on Measuring and Managing Intellectual Capital, McMaster University, Hamilton.

⑤ Public A. Intellectual Capital—Does It Create or Destroy Value? [J]. Measuring Business Excellence, 2004, 8(1): 62-68.

⑥ Firer S., Williams M. Intellectual Capital and Traditional Measures of Corporate Performance [J]. Journal of Intellectual Capital, 2003, 4(3): 348-360.

⑦ Andriessen D. Making Sense of Intellectual Captial: Designing a Method for the Valuation of Intangibles [M]. Butterworth: Elsevier Butterworth Heinemann Hurlington, 2004.

⑧ Jamal A., Nazari, Irene M. H. Extended VAIC Model: Measuring Intellectual Capital Components [J]. Journal of Intellectual Capital, 2007, 8(4): 595-609.

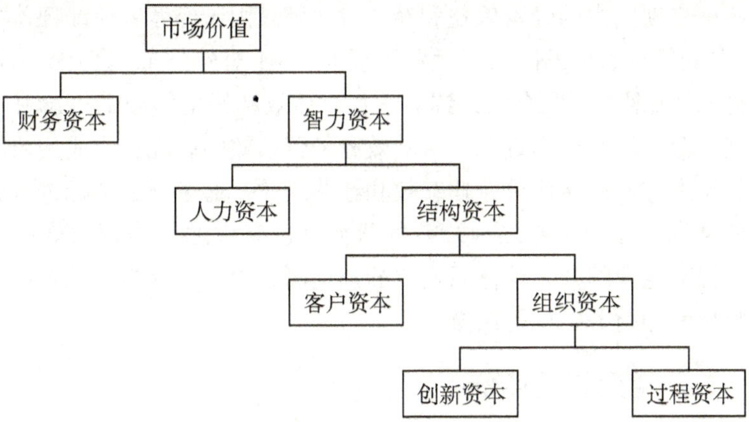

图 1-1　智力资本与企业价值

第二节　经营绩效相关研究综述

一、绩效与经营绩效

绩效是业绩和效率的统称，也是各经营主体最为关心的指标。不管是以盈利为目的的企业，还是其中各部门组织，都非常重视绩效的评价、考核和管理。关于企业绩效有很多认识，管理学家坎贝尔(1977)的研究很好地说明了将学者们提出的众多评估标准统合时，会发现自己又迷失于标准的丛林中①。国内一些学者认为经营绩效，属零售业专业术语，又称为“效益”；一些学者，如孟建民(2002)②、张兆国等(2002)③、王化成等(2004)④认为经营绩效

① 张弘．人力资源管理与企业绩效［M］．北京：企业管理出版社，2010：19-21.

② 孟建民．中国企业绩效评价研究［J］．财政研究，2004(7)：2-5.

③ 张兆国，陈天骥，余伦．平衡计分卡：一种革命性的企业经营业绩评价方法［J］．中国软科学，2002(5)：102-111.

④ 王化成，刘俊勇．企业业绩评价模式研究——兼论中国企业业绩评价模式选择［J］．管理世界，2004(4)：82-92.

是指一定期间内的经营效益和经营者业绩。由于经营者业绩评价指标(公司管理者的薪酬含货币和股票等)不予对外公布(除上市公司以外)，数据的获取有限，致使学者对绩效和经营绩效的概念并不严格区分。纵观国内近几年对绩效和经营绩效的研究：在应用研究中，论者并不严格区分企业绩效和经营绩效；通过财务指标进行分析的文章中，既有称之为绩效的研究，也有称之为经营绩效的研究。而对企业绩效评价体系构建的理论研究中，则更多的是考虑财务指标和非财务指标的结合。

二、企业绩效评价

(一)国外学者对企业绩效的评价

学术界对绩效评价的关注和研究由来已久。国内学者张弘(2010)提出试图综合众多学者的研究而得出一个完备的企业绩效模型的努力是徒劳的①。20 世纪 90 年代国外学者对绩效的研究已经进入全面评价时期②。对绩效评价模型的构建始终是绩效评价的重点关注领域。表 1-6 列举了 20 世纪 90 年代国外学者代表对绩效维度的划分。

表 1-6　**20 世纪 90 年代国外学者代表对绩效维度划分列举**

代表人物	具体维度
Cameron	企业目标的完成、组织资源的获得、组织内问题的解决、战略上资助者的满意
Venkatraman	财务绩效、经营绩效、组织绩效(含环境与社会责任)
Carnall(1990)	投资潜力、财务状况、管理人才、产品质量、吸收人才和奖励员工骨干的能力、资产管理技巧

① 张弘．人力资源管理与企业绩效［M］．北京：企业管理出版社，2010：73-74.

② 刘学武，陈震．国外企业绩效评价发展综述及比较研究［J］．交通企业管理，2014(1)：74-76.

续表

代表人物	具体维度
Hill & Johns	效能标准、人力资源标准、内部功能标准、环境标准
卡普兰与诺顿（1998）	财务、企业内部运营与技术、学习创造与成长、客户

资料来源：作者根据相关文献整理所得。

其中，具有代表性的绩效多维结构理论对应指标如表 1-7 所示。

表 1-7 **Venkatraman 和 Ramanujam 提出的绩效多维结构表**

维度	指标
财务绩效	资产报酬率（ROA）、销售回报率（ROS）、投资回报率（ROE）
经营绩效	销售增长、市场份额、新产品发展与多样化等
组织绩效	产品质量、员工满意、环境与社会责任

资料来源：作者根据相关文献整理所得。

关于绩效评价模型的研究，国内外研究者并没有停止更新和完善模型的步伐。其中，Feng C. M and Wang R. T（2000）构建了一个含财务比率的企业绩效评价模型，并选用灰色关联分析法筛出了有代表性的指标，通过 TOPSIS 方法对各个指标进行等级分配，以台湾主要航空公司的数据为样本对模型进行了实证检验。结果表明，财务指标的加入，使得对航空业绩效的评价更加复杂①。Bassioni，Price and Hassan（2005）通过专家访谈法，构建了建筑业绩效评估的概念框架，采用结果与过程并重的观点，得出包含风险管理、企

① Feng C. M., Wang R. T. Performance Evaluation for Airlines Including the Consideration of Financial Ratios [J]. Journal of Air Transport Management, 2000, 5(6): 133-142.

业文化在内的 8 个影响绩效的因素①。Juan José A and Faro Saiz et al.(2007)也采用结果与过程并重的观点，研究在欧洲项目背景下企业网络的绩效评价系统，详细地分析了企业绩效评价的过程和方法②。Wen W.，Chen Y. H and Chen I. C(2008)认为，不仅考虑财务指标，还引入了以知识为基础的非财务指标来衡量企业的绩效③。Fang-Mei Tseng，Yu-Jing Chiu and Ja-Shen Chen(2009)建立了一套包含竞争绩效、财务绩效、制造能力、创新能力、供应链关系这五个维度，囊括财务指标和非财务指标的绩效评价模型，并以台湾某液晶显示面板企业的相关数据为样本，运用数据包络分析法(DEA)、层次分析法(AHP)和模糊多维决策方法，对模型进行了实证检验④。Wang Qian and Hao Wei(2012)针对钢铁企业生产经营的特点，构建了包括盈利、运营管理、安全管理、成长、可持续保护和技术创新、范围经济、社会效益和产业升级贡献率八个方面 26 个指标的评价模型，并在中国钢铁企业进行实证检验。结果表明，中国钢铁企业应更加重视环保、创新、经济规模、社会效益，不能仅仅重视企业的利润⑤。Torkamani et al.(2012)认为，绩效评

① Bassioni, Price, Hassan. Building a Conceptual Framework for Measuring Business Performance in Construction: An Empirical Evaluation [J]. Construction Management and Economics, 2005, 7 (23): 495-507.

② Juan José A, Faro Saiz, et al. Beyond Situational Constraints: Job Resource Inadequency and Individual Performance at Work [J]. Haman Resource Management Reviews, 2007, 5(2): 79-102.

③ Wen W. , Chen Y. H, Chen I. C. A Knowledge-based Decision Support System for Measuring Enterprise Performance [J]. Knowledge-based Systems, 2008, 14(21): 148-163.

④ Fang-Mei Tseng, Yu-Jing Chiu, Ja-Shen Chen. Measuring Business Performance in the High-tech Manufacturing Industry: A Case Study of Taiwan's Large-size TFT-LCD Panel Companies [J]. The International Journal of Management Science, 2009, 8(37): 686-697.

⑤ Wang Qian, Hao Wei. Fuzzy Comprehensive Evaluation of the Performance for the M&A and Restructuring in Chinese Iron and Steel Industry [J]. 2012 International Conference on Management Science & Engineering (19th), 2012, 13(9): 20-22.

价不能仅仅由表示过去发生的滞后指标(财务指标)所构成，还必须包括能预测未来的先导指标。该模型主要用于测量组织和可持续方面。他的研究结果表明，理想绩效和现实绩效之间的显著差异主要表现在顾客范围、内部财务流程、企业学习和成长①。Chien-Liang Lin and Hai-Lin Tan(2013)以行政部门为研究对象，构建行政部门的组织和个人的创新绩效评价模型，并运用DEA方法评价绩效，运用社会网络分析(SNA)考察个人表现与绩效之间的关系②。Pei-Hsuan Hsieh and Chun-You Chou(2013)以台湾教育系统技术绩效为探讨对象，首先分析了绩效的影响因素，进而构建了一个比较公共和私人教育系统技术绩效的绩效评价模型③。

对企业绩效评价方法的研究，是绩效评价所关注的重要内容。与以往采用单个定量方法分析不同，研究者试图利用多种相结合的方法评价企业的绩效。Gianpaolo Lazzolino, Domenico Laise and Laura Marraro(2012)引入多标准评价方法，并发现利益相关者对决策标准有不同意见时，多标准的绩效评价方法是适合的④。Hsin-Pin Fu and Jia-Ruey Ou(2013)将主成分分析法(PCA)和数据包络法(DEA)相结合，使得评价项目绩效的数据能够更好地理解，并运

① Torkamani, et al. Performance Evaluation Using the Balanced Score Card (BSC): A Case Study of Azerbaijan Regional Electric Company[J]. Journal of Basic and Applied Scientific Research, 2012, 2 (4): 3289 - 3293.

② Chien-Liang Lin, Hai-Lin Tan. Performance Measurement in the Public Sector: An Example of the Building Administration Authorities in Taiwan[J]. Journal of Management in Engineering, 2013, 5(25): 125-131.

③ Pei-Hsuan Hsieh, Chun-You Chou. Relationship among Information Department Technicians Performance Influencing Factors in Taiwan Public and Private Colleges [J]. 2013, 18(46): 356-361.

④ Gianpaolo Lazzolino, Domenico Laisc, Laura Marraro. Business Mullicriteria Performance Analysis: Atutorial [J]. An International Journal, 2012, 19(3): 395-411.

用于能源项目中，发现评估的有效性得到了增强①。Tao L. et al.(2013)把数据包络分析(DEA)和自然模糊聚类方法(AFS)相结合，构建了对网络银行的混合行为进行绩效评价的模型②。Liu H. H et al.(2013)采用数据包络分析法(DEA)、三阶 DEA 和人工神经网络(ANN)三种方式对台湾 29 家半导体企业的实际运营数据实证分析，发现三种方法的结果具有显著性差异③。Frances Chini，Galetto，Turina(2013)④和 Medel-Gonzalez F. et al.(2013)⑤利用平衡计分卡的思想，重新构建绩效指标并分类，对包含企业成长和发展的指标进行了运用和评价。近年来，新的研究方法也逐渐运用至绩效评价领域中：Joachim Boll and Lars Hoberg(2013)以丹麦公共就业系统为案例，研究了集成数据驱动的监测和评价⑥。Sabina，Chiara and Milena(2013)将托卡斯纳绩效评估系统开拓性地运用至

① Hsin-Pin Fu，Jia-Ruey Ou. Combining PCA with DEA to Improve the Evaluation of Projection Performance Data：A Taiwanese Bureau of Energy Case Study [J]. Project Management Journal，2013，44(1)：94-106.

② Tao L.，et al. Online Banking Performance Evaluation Using Data Envelopment Analysis and Axiomatic Fuzzy Set Clustering [J]. Qual Quant，2013，8(47)：1259-1273.

③ Liu H. H，et al. A Comparison of Three-Stage DEA and Artificial Neural Network on the Operational Efficiency of Semi-Conductor Firms in Taiwan [J]. Modern Economy，2013，9 (4)：20-31.

④ Frances Chini，Galetto，Turina. Impact of Performance Indicators on Organizations：A Proposal for an Evaluation Model [J]. Production Planning & Control，2013，19(2)：232-240.

⑤ Medel-Gonzalez F.，et al. Measuring and Evaluating Business Sustain Ability：Development and Application of Corporate Index of Sustain Ability Performance [J]. Verlag Berlin Heidelberg，2013.

⑥ Joachim Boll，Lars Hoberg. Performance Management and Evaluation in the Danish Public Employment Service [J]. New Directions for Evaluation，2013，4 (137)：57-67.

医药保健方面，获取了部分实践经验①。

（二）国内学者对企业绩效评价的研究

关于绩效评价的研究，国内成果非常多。为了便于综述，作者选取有代表性的文章列表综述，如表 1-8 所示。

表 1-8　　国内主要学者对企业绩效评价研究列举

作者	年份	模型的创新	方法	行业
乔琳②	2009		熵值法	建筑业
王美荣③	2010		功效系数法	徐州 GT 钢铁
徐娜娜④	2010	基于 BP 神经网络		电子元器件
李静⑤	2010	国家、企业、项目三个层面构建指标		火电企业
温素彬⑥	2010	对象维、内容维、过程维三个维度 10 个层面		

① Sabina, Chiara, Milena. Assessing the Effectiveness of a Performance Evaluation System in the Public Health Carc Sector: Some Novel Evidence from the Tuscany Region Experience [J]. Journal of Management & Governance, 2013, 11 (17): 59-69.

② 乔琳．熵位法在建筑企业绩效绩效评价中的应用［J］．财会通讯，2009(10)：33-34.

③ 王美荣．功效系数法在企业绩效评价中的应用［J］．财会通讯，2010(7)：77-78.

④ 徐娜娜．BP 神经网络在企业绩效评价中的应用［J］．企业科技与发展，2010(10)：149-151.

⑤ 李静．基于可持续发展的我国火电企业绩效评价指标体系研究［J］．北京工业职业技术学院学报，2010(9)：114-118.

⑥ 温素彬．基于可持续发展的企业绩效评价模式研究［J］．管理学报，2010(7)：354-358.

续表

作者	年份	模型的创新	方法	行业
张宝友、张坤①	2010	评价管理绩效	DEA	矿产资源行业的19家上市公司
李灿②	2010	基于共生理论的绩效评价模型		未检验
杜娟、黄蕴洁③	2010		因子聚类分析	知识型企业
王大飞、曹佳④	2010		因子分析法	10家上市公司的实际经营数据
黄涛、宋成⑤	2010		DEA	汽车制造行业21家上市公司为样本
郭媛媛、张玉红⑥	2010		可拓学+平衡计分卡	房地产行业
姜军伟、赛英⑦	2010	财务指标+非财务指标	模糊综合评价	装备制造业

① 张宝友，张坤．基于DEA的我国矿产资源企业绩效研究［J］．技术技济，2010(29)：75-77.

② 李灿．国有企业绩效评价模式研究：应用困境与构建思路［J］．海南大学学报(人文社会科学版)，2011(10)：76-82.

③ 杜娟，黄蕴洁．基于因子聚类分析的知识型企业绩效评价方法研究［J］．科学学与技术管理，2010(11)：94-100.

④ 王大飞，曹佳．基于因子分析法的上市公司经营业绩评价模型［J］．经济论坛，2010(6)：195-198.

⑤ 黄涛，宋成．基于数据包络分析的汽车制造企业绩效评价［J］．科技与管理，2010(2)：100-103.

⑥ 郭媛媛，张玉红．基于可拓学与BSC的房地产企业绩效评价研究［J］．工程管理学报，2010(4)：113-118.

⑦ 姜军伟，赛英．基于模糊神经网络的企业绩效评价方法研究［J］．山东科学，2010(1)：36-40.

续表

作者	年份	模型的创新	方法	行业
段伟①	2010		灰色系统+主因子综合评价	未检验
张安霞、张红岩、陈彦君、陈焕江②	2011	绿色绩效	因子分析法	物流供应链
段晓臣、贾宪威、祝佳梅③	2012		定量+定性	四川泡菜
马睐、李俊娟、姬长龙④	2012		DEA	总资产超过5亿的运输物流企业
杨瑾⑤	2013	集群供应链	验证性因子分析、SEM	大型复杂产品制造业
汪忠、吴倩、胡兰⑥	2013	双重绩效评价	平衡计分卡、层次分析法	社会企业
冯华、何佳莉、刘洋⑦	2014	把动态化和协调思想纳入	层次分析法、SEM	汽车制造、通信行业

资料来源：作者根据相关文献整理所得。

---

① 段伟．基于灰色系统的上市公司财务绩效主因子综合评价方法［J］．云南财经大学学报，2010(4)：72-74.

② 张安霞，张红岩，陈彦君，陈焕江．基于SPSS因子分析法的企业绿色供应链绩效评价［J］．物流技术，2011(5)：175-177.

③ 段晓臣，贾宪威，祝佳梅．“四川泡菜”龙头企业绩效评价的实证分析——以眉山市永一食品公司为例［J］．四川农业大学学报，2012(1)：121-124.

④ 马睐，李俊娟，姬长龙．基于DEA的沪深两市运输物流板块上市企业绩效评价［J］．长安大学学报(社会科学版)，2012(2)：52-56.

⑤ 杨瑾．大型复杂产品制造业集群供应链绩效评价模式研究［J］．中国管理科学，2013(6)：64-70.

⑥ 汪忠，吴倩，胡兰．基于DEA方法的社会企业双重绩效评价研究［J］．中国地质大学学报(社会科学版)，2013(4)：106-111.

⑦ 冯华，何佳莉，刘洋．供应链物流能力绩效评价体系的调研分析［J］．中南财经政法大学学报，2014(1)：113-118.

三、保险业经营绩效研究

与银行业经营绩效的研究相比，国内外学者对保险业绩效的研究相对较少且起步较晚。Cunnins and Weiss(1993)以美国保险公司1980—1988年间的数据为样本对其经营绩效进行了评价，研究中先对保险公司按照规模进行分组，后采用随机前沿方法对大、中、小规模的保险公司分别进行评价，发现大规模的保险公司经营绩效最好、小规模保险公司绩效次之，中等规模保险公司绩效最差①。Vivian Jeng(2005)采用非前沿估计的方法研究了非寿险公司的经营绩效，研究过程中同样采用分组的方法对不同类别的非寿险公司进行研究②。无论是直接采用财务指标还是运用主成分分析法，或者采用非参数分析方法，都是以财务指标为基础，现阶段对国外保险公司进行评价的财务指标以A. M. Best评级公司提出的财务指标体系为主③。

国内学者对保险业绩效的研究主要集中在评价模型和方法的选择上。李林子、鲁伟(2003)以2000年的数据为样本、以11个财务指标为基础研究了我国13家保险公司的经营绩效，得出中资保险公司的技术能力低于外资保险公司，且规模效率不显著④。曹乾(2007)以四家大型保险公司1998—2003年的数据为样本、以14个财务指标为基础，构建了绩效评价体系，得出我国财产保险公司的

---

① Cunnins, Weiss. The Insurance Performance Measure Bringing Value to the Insurance Industry [J]. Journal of Applied Corporate Finance, 1993, 9(4): 8-13.

② Vivian Jeng. Operating Performance in the Austrian No-life Insurance Industry: A Bayesian Examination [J]. Journal of Risk and Insurance, 2004, 6(71): 135-159.

③ 吴冲．基于经营绩效视角的我国财产保险公司财务指标体系研究[D]. 东北财经大学，2013.

④ 李林子，鲁伟．财产保险公司绩效的因子分析[J]. 管理科学，2003(3): 46-50.

经营效率更高①。刘文鹏(2011)提出中国保险公司业绩评价模式大致经历了三个阶段：财务导向模式、经济价值导向模式(EVA)、战略执行模式(平衡计分卡)的演变，并提出建立满足多个利益相关者目标的平衡指标体系②。何琳(2013)把平衡计分卡思想引入，分别从企业的财务视角、顾客视角、内部流程视角、学习与成长视角构建了保险公司的绩效评价体系③。孙蓉、王超(2013)从全面风险管理的视角构建了保险公司经营绩效评价指标体系，并以2010年我国91家保险公司(其中财险公司39家，人身保险公司52家)为样本，采用主成分分析法得出自留保费率具有风险成分的性质④。孙建、张春海、刘春红等(2014)在研究我国保险业市场结构、效率与绩效时，直接以1-经济损失率-费用率和赔付支出/已赚保费作为绩效的考核指标⑤。

第三节　智力资本与绩效关系的研究综述

一、国外学者对智力资本与绩效关系的研究

(一)国外学者对二者关系的静态研究

诸多实证研究结果表明：智力资本作为一个整体可以给企业带来绩效的提高。Ahmed Riahi and Belkaoui(2003)从利益相关者视角，选择美国《财富》杂志在1991年评出的美国81家公司(这些公

① 曹乾．包含偿付能力指标的保险业绩效评价体系及其应用［J］．山东理工大学学报(社会科学版)，2007(1)：21-24.

② 刘文鹏．保险公司业绩评价：从财务绩效到战略执行［J］．保险研究，2011(1)：98-102

③ 何琳．平衡计分卡在我国保险公司绩效评价中的应用研究［J］．社科论坛，2013(3)：136.

④ 孙蓉，王超．我国保险公司经营绩效综合评价［J］．保险研究，2013(1)：49-56.

⑤ 孙建，张春海，刘春红，姜兴坤．我国保险业市场结构、效率与绩效［J］．南京审计学院学报，2014(1)：28-33.

司属于该杂志在1991年评出的100家最大跨国服务业和制造业公司中的81家)为样本，择其1992—1996年总资产的增量为因变量，用其1987—1991年各样本企业的商标持有量代替智力资本作为自变量，采用1987—1991年总资产的增量作为控制变量进行分析统计，研究结果认为智力资本能促进美国跨国公司绩效的提高，也是企业创造超额利润的主要因素①。Mavridis(2004)以希腊银行业的数据为样本，用企业价值的增量作为因变量，以智力资本和物质资本作为自变量，通过逐步回归和对比分析的方法，研究得出银行业物质资本和智力资本均显著影响企业价值增值，且相关系数为正。研究还发现，智力资本对企业价值增值的影响大于物质资本对其的影响，且不同国家、不同类型的银行之间存在着显著的差异②。Chen et al.(2005)以智力资本增值系数为智力资本的衡量指标，研究了VAIC与公司市场价值之间的关系，发现智力资本对公司市场价值具有积极的影响，并建议投资者在决策时重视智力资本各要素对公司绩效的影响③。Tseng and Goo(2005)以台湾500家公司为样本，研究了公司智力资本与市场价值、智力资本与财务绩效之间的关系，研究发现智力资本对公司价值具有积极的影响作用④。Do Rosario Cabrita and Landeiro Vaz(2006)以葡萄牙35家银行数据为样本研究智力资本与公司价值之间的关系，与前人研究结论相同，智

① Ahmed Riahi, Belkaoui. Intellectual Capital and Firm Performance of US Multinational Firms [J]. Journal of Intellectual Capital, 2003, 8(4): 175-183.

② Mavridis D. G. The Intellectual Capital Performance of the Japanese Banking Sector [J]. Journal of Intellectual Capital, 2004, 16(5): 136-151.

③ Chen M. C, Cheng S., Hwang Y. An Empirical Investigation of the Relationship between Intellectual Capital and Firm's Market Value and Financial Performance [J]. Journal of Intellectual Capital, 2005, 6(2): 159-176.

④ Tseng C., Goo Y. J. Intellectual Capital and Corporate Value in an Emerging Economy: Empirical Study of Taiwanese Manufacturers [J]. R&D Management, 2005, 35(2): 187-201.

力资本对公司价值产生积极的影响①。Ghosh and Mondal(2009)以印度制药和软件的80家公司为样本，研究了智力资本与公司利润之间的关系，发现智力资本显著影响公司利润和市场价值，且影响方向为正，而智力资本对生产率的影响不显著②。Ting and Lean(2009)利用智力增值系数(VAIC)衡量智力资本，研究了马来西亚金融机构的智力资本与资产收益率(ROA)之间的关系，发现智力资本各要素对利润有积极的影响，其影响率为76%③。Zeghal and Maaloul(2010)用企业价值增值为因变量，以英国工商企业为样本，研究了智力资本与公司财务绩效之间的关系，研究发现这些公司的智力资本与财务及经济绩效具有正向的积极的作用④。

随着研究的深入，学者开始进行智力资本及各组成要素对企业绩效影响的研究。而关于智力资本各组成部分和经营绩效之间的关系，学术界的研究并没有形成统一的结论。Bollen et al.(2005)以德国41家制药企业为研究对象，研究发现智力资本的三个构成要素和企业的知识产权之间有直接的影响作用⑤。Tan et al.(2007)以新加坡公司为样本，研究智力资本与公司财务绩效之间的关系，最后得出智力资本增值系数和其构成要素对公司的净资产收益率

① Do Rosario Cabrita M., Landeiro Vaz J. Intellectual Capital and Value Creation: Evidence from the Portuguese Banking Industry[J]. The Electronic Journal of Knowledge Management, 2006, 1(4): 11-20.

② Ghosh S., Mondal A. Indian Software and Pharmaceutical Sector IC and Financial Performance [J]. Journal of Intellectual Capital, 2009, 10 (3): 369-388.

③ Ting W. I, Lean H. H. Intellectual Capital Performance of Financial Institutions in Malaysia [J]. Journal of Intellectual Capital, 2009, 10(4): 588-599.

④ Zeghal D., Maaloul A. Analyzing Value Added as an Indicator of Intellectual Capital and its Consequences on Company Performance [J]. Journal of Intellectual Capital, 2010, 11(1): 39-60.

⑤ Bollen L., Vergauwen P., Schnieders S. Linking Intellectual Capital and Intellectual Property to Company Performance [J]. Management Decision, 2005, 40 (9): 1161-1185.

(ROE)、每股收益(EPS)、股票收益率(ASR)有显著的影响①。Cohen and Kaimenakis(2007)研究发现希腊中小企业的智力资本各组成部分对绩效具有显著积极作用，而通过问卷调查衡量的智力资本各元素的衡量方法和模型与大规模企业不同②。Anghel(2008)认为，智力资本和物质资本是当前影响公司利润的主要因素，同时，依赖知识和信息的新经济发展，导致了对智力资本的更加关注③。Meng-Yuh Cheng, Jer-Yan Lin and Tzy-Yih Hsiao 等(2008)以智力资本多元说理论为基础，利用 Tobit 模型与因素分析法，研究了人力资本、结构资本、流程资本、创新资本以及顾客资本对企业绩效的影响。研究认为，人力资本、创新资本与顾客资本对企业价值有积极显著的影响；流程资本对企业绩效有影响，但结果不显著；顾客资本对企业市场价值的增加有积极影响④。Maria and Bontis(2008)研究认为，结构资本作为企业赖以生存的基础构架，可直接反映企业能否整合各类资源，并发挥系统效率的竞争力，最终体现了企业创造价值、解决问题的整体系统及流程，从而让员工从内心更加愿意为公司和顾客作出最大的贡献。与此同时，合理的企业结构便于部门之间的沟通，进而减少企业协调组织和内部监督的成本，最终提高企业绩效⑤。Martin Clarke(2011)以 2004—2008 年澳大利亚的上市公司为样本，研究了智力资本与企业绩效之间的关系。研究发现，智力资本对绩效有直接的影响作用，其中物质资本作用最大，

---

① Tan H. P, Plowman D., Hancock P. Intellectual Capital and Financial Returns of Companies [J]. Journal of Intellectual Capital, 2007, 8(1): 76-95.

② Cohen S., Kaimenakis N. Intellectual Capital and Corporate Performance in Knowledge-intensive SMEs [J]. The Learning Organization, 2007, 14(3): 241-262.

③ Anghel I. Intellectual Capital and Intangible Assets Analysis and Valuation [J]. Theoretical and Applied Economics, 2008, 3(2): 75-84.

④ Meng-Yuh Cheng, Jer-Yan Lin, Tzy-Yih Hsiao. Censoring Model for Evaluating Intellectual Capital Value Drivers [J]. Journal of Intellectual Capital, 2008, 6(4): 66-71.

⑤ Maria, Bontis. Relationship between Intellectual Capital and Business Performance [J]. Journal of Intellectual Capital, 2008, (4): 95-109.

人力资本次之①。Maditinos et al.(2011)以希腊2006—2008年的公司数据为样本，以公司净资产收益率(ROE)、总资产收益率(ROA)、市场价值和账面价值的比值(MB)为因变量，研究了智力资本和经营绩效之间的关系，研究发现，人力资本对净资产收益率的影响方向是正向的②。Anma Sami(2014)以巴基斯坦250个组织的5个部门5年的财务报表为数据来源，以智力增值系数(VAIC)为测量指标，以生产率和利润为因变量，回归分析了5个部门的智力资本对企业财务绩效的影响，结论表明，智力资本对绩效有直接影响③。

Shiu(2006)的研究不支持上述结论。他认为，智力资本和公司绩效之间的关系非常微弱④。Firer and Williams(2003)⑤，Chan(2009)⑥一致地得出与上述完全相反的结论：认为人力资本和资产周转率、人力资本和账面价值与市场价值比之间是呈显著负相关的。Appuhami(2007)研究发现虽然智力资本对经营绩效有积极影

---

① Martin Clarke. Intellectual Capital and Firm Performance in Australia [J]. Journal of Intellectual Capital, 2011, 4(14): 1469-1930.

② Maditinos, et al. The Impact of Intellectual Capital on Firms' Market Value and Financial Performance [J]. Journal of Intellectual Capital, 2011, 12(1): 132-151.

③ Anma Sami. Intellectual Capital and Financial Performance: A Comparative Investigation of Top Five Sectors of Pakistan [J]. Journal of Basic and Applied Scientific Research, 2014, 4(3): 232-239.

④ Shiu H. J. The Application of the Value Added Intellectual Coefficient to Measure Corporate Performance: Evidence from Technological Firms [J]. International Journal of Management, 2006, 23(2): 356-365.

⑤ Firer S., Williams S. M. Intellectual Capital and Traditional Measures of Corporate Performance[J]. Journal of Intellectual Capital, 2003, 4(3): 348-360.

⑥ Chan K. H. Impact of Intellectual Capital on Organizational Performance: An Empirical Study of Companies in the Hang Seng Index(part2) [J]. The Learning Organization, 2009, 16(1): 22-39.

响，但是关系并不显著①。Firer and Williams(2003)②，Chen et al.(2005)③，Chan(2009)④研究认为结构资本和公司绩效之间的显著关系很少存在，如果二者关系存在，则是积极的。

国外学者还从不同的角度，研究发现智力资本对企业经营绩效的影响路径不同：(1)主效应模型：Raine，Ika(2002)采用芬兰2002年72家中小生物科技企业的数据为研究对象，结果显示智力资本能直接促进企业绩效的提高，其效应独立于其他变量。人力资本、结构资本和顾客资本的相互作用能解释5年内预期销售额的2/3。现实的智力资本能够预测中小企业的预期销售额，各构成要素的平衡能够促进最高水平预期销售额的实现⑤。(2)缓冲效应模型：Burt(1996)的研究表明，企业知识交流平台有助于企业与信息持有者分享和交换，进而提高市场绩效⑥。Marr(2004)的研究结论也表明，知识共享机制在智力资本与经营绩效的的关系中具有显著的中介作用，它能够促进显性知识与隐性知识的相互转化，以便更好地发挥智力资本对经营绩效的推动作用。(3)调节效应模型：该模型认为智力资本对诸如经营绩效、企业价值等结果变量的影响不

---

① Appuhami R. The Impact of Intellectual Capital on Investors' Capital Gains on Shares: An Empirical Investigation of Thai Banking, Finance & Insurance Sector [J]. International management Review, 2007, 3(2): 14-25.

② Firer S., Williams S. M. Intellectual Capital and Traditional Measures of Corporate Performance[J]. Journal of Intellectual Capital, 2003, 4(3): 348-360.

③ Chen M. C, Cheng S., Hwang Y. An Empirical Investigation of the Relationship between Intellectual Capital and Firm's Market Value and Financial Performance [J]. Journal of Intellectual Capital, 2005, 6(2): 159-176.

④ Chan K. H. Impact of Intellectual Capital on Organizational Performance: An Empirical Study of Companies in the Hang Seng Index(part2) [J]. The Learning Organization, 2009, 16(1): 22-39.

⑤ Raine, Ika. Assessing Knowledge Assets: A Review of the Models Used to Measure Intellectual Capital [J]. International Journal of Management Reviews, 2002, 7(3): 112-125.

⑥ Burt. Developing a Model for Management Intellectual Capital [J]. European Management Journal, 1996, 12(6): 1256-1289.

是直接的，而是通过调节作用来实现的。Kuczmarski(1996)的研究认为，创新战略能借助企业创新战略水平的提高帮助调节智力资本与企业绩效之间的关系，智力资本对企业绩效的作用依赖于企业创新战略水平的高低①。

(二)国外学者对二者关系的动态研究

国外学者对智力资本和绩效的关系进行了动态研究，Cohen and Kaimenakis (2007) 发现智力资本和企业绩效之间的关系存在着一个滞后期，而这个滞后现象是企业无法控制的②。有研究成果表明，采用四种方法计量企业的绩效，发现本期和前期的智力资本、人力资本与企业绩效、物质资本与企业绩效之间存在着显著的正向关系③。Shiu(2006)的研究成果也支持如下结论：企业当期和前期的智力资本和企业的总资产报酬率之间存在着积极的影响④。Tan et al. (2007) 研究发现当期和前期的智力资本及各构成要素对企业的净资产报酬率有显著的正向作用⑤，Maditinos et al. (2011)的研究则发现人力资本和公司绩效之间也存在着显著的积极影响⑥。Martin Clarke(2011)在研究智力资本和绩效关系的同时还发现，上

---

① Kuczmarski. Intellectual Capital: The New Wealth of Organizations [M]. London: GEE Publishing Ltd, 1996.

② Cohen S., Kaimenakis N. Intellectual Capital and Corporate Performance in Knowledge-intensive SMEs[J]. The Learning Organization, 2007, 14(3): 241-262.

③ Leif Edvinsson, Michael Shawn Malone. Intellectual Capital: The Proven Way to Establish Your Company's Real Value by Measuring it Hidden Brain Power [M]. London: Piatkus, 1997.

④ Shiu H. J. The Application of the Value Added Intellectual Coefficient to Measure Corporate Performance: Evidence from Technological Firms [J]. International Journal of Management, 2006, 23(2): 356-365.

⑤ Tan H. P, Plowman D., Hancock P. Intellectual Capital and Financial Returns of Companies [J]. Journal of Intellectual Capital, 2007, 8(1): 76-95.

⑥ Maditinos, et al. The Impact of Intellectual Capital on Firms' Market Value and Financial Performance [J]. Journal of Intellectual Capital, 2011, 12(1): 132-151.

一年的人力资本和结构资本对当年的经营绩效有正向作用①。

与上述对智力资本和绩效关系的研究区间设定在上年和当年不同，Ahmed Riahi and Belkaoui(2003)以美国跨国公司为研究对象，研究智力资本与经营绩效关系时，发现智力资本对公司绩效的影响具有持续性，智力资本是企业创造超额利润的主要因素②。Bassi和Vanburon在把美国500家跨行业企业的数据作为研究对象进行研究后，得出人力资本会在长期中对智力资本有显著的积极影响③。

二、国内学者对智力资本与绩效关系的研究

金扬华(2005)认为当企业员工具备了人力资本所属的基本知识和技能时，便能够更好地理解和把握生产，从而高效、快速地完成实际工作。文中还指出，依据经验曲线检测出员工拥有经验的定性成分能够显著提高企业的经营绩效④。郑美群(2006)的研究认为，员工的工作态度通过其心理活动、思想观念和外在行为的显著影响进而间接地影响企业绩效。因此，人力资本能够直接对经营绩效产生促进作用⑤。刘海建和陈传明(2007)通过研究结构资本对企业绩效的作用方式与机理，得出结构资本要素能积极促进企业绩效，并同时通过直接和间接作用对企业绩效产生积极的影响⑥。郑美群(2006)研究认为，伴随着服务时代的到来，企业竞争加剧，

---

① Martin Clarke. Intellectual Capital and Firm Performance in Australia [J]. Journal of Intellectual Capital, 2011, 4(14): 1469-1930.

② Ahmed Riahi, Belkaoui. Intellectual Capital and Firm Performance of US Multinational Firms [J]. Journal of Intellectual Capital, 2003, 8(4): 175-183.

③ 宋潍. 商业银行智力资本与绩效相关性研究 [D]. 成都：西南财经大学，2012.

④ 金扬华. 目标取向和工作经验对绩效的效应 [J]. 心理学报，2005(1): 23-26.

⑤ 郑美群. 基于智力资本的高技术企业绩效形成机理研究 [D]. 长春：吉林大学，2006.

⑥ 刘海建，陈传明. 企业组织资本、战略前瞻性与企业绩效：基于中国企业的实证研究 [J]. 管理世界，2007(5): 32-38.

关系资本在促进企业绩效提高过程中的作用越来越明显①。蒋天颖和汪俊江(2009)的研究认为，存在于政府与企业之间的关系资本能帮助企业及时获得内部信息，比其他企业更有机会获得政府给予的优惠政策，因而关系资本对企业绩效具有正相关的影响②。

相对于智力资本整体而言，智力资本各组成部分(物质资本、人力资本、结构资本)之间的相互关系也能促进企业绩效。张刚(2000)把结构资本定义为非人力资本与人力资本相结合的工具，也是与人力资本密切相关的资本形式的产物，它能促使单纯的人力资本和物质资本发挥更大的作用，同时该研究认为三者之间的交互作用对企业绩效具有积极的影响。然而，苏伟伦(2002)则认为人力资本是结构资本的基础，结构资本是关键③。徐爱萍(2009)却认为，在企业价值创造的过程中，人力资本与结构资本的关系是相互依赖、相互作用、地位是平等的。因此，人力资本与结构资本的交互作用对企业绩效产生积极的影响④。作者通过表 1-9 列举了国内学者对智力资本与经营绩效关系研究的主要实证研究成果。

表 1-9　**国内学者对智力资本与企业绩效主要实证研究成果摘要**

作者	行业(样本)	方法	结果
陈劲、谢洪源、朱朝晖(2004)⑤	浙江省的高科技企业	结构方程模型	各要素对 P 均产生正的促进作用

① 郑美群．基于智力资本的高技术企业绩效形成机理研究［D］．长春：吉林大学，2006.

② 蒋天颖，汪俊江．智力资本、组织学习与企业创新绩效的关系分析［J］．科研管理，2009(4)：21-25

③ 苏伟伦．企业智慧资本管理［M］．北京：经济日报出版社，2002：152.

④ 徐爱萍．智力资本的三维协同机理与绩效评价研究［D］．武汉：武汉理工大学，2009.

⑤ 陈劲，谢洪源，朱朝晖．企业智力资本评价模型和实证研究［J］．中国地质大学学报，2004(6)：27-31.

续表

作者	行业(样本)	方法	结果
李嘉明、黎富兵(2004)①	计算机行业30家上市公司2002年度数据	VAIC、相关分析和多元回归分析	CE与P显著正；HC与P为正，但是不显著
白明、张辉(2005)②	计算机、电信、纺织、化工	VAIC、线性回归	化工行业中，HC和CE与P呈正相关，SC不显著；纺织业中CE、HC、SC均与P不相关
万希(2006)③	2003年《经理人》公布的50家最佳运营绩效中的41家2004年数据	VAIC、相关性分析及多元回归分析	HC和SC对P有正向的贡献；CE对绩效有促进的作用
王新利、王凯(2008)④	纺织业、信息技术业(上市公司)	分位数回归	信息技术行业中，HC、CE和P呈正相关，SC在业绩好时属正
傅传锐(2008)⑤	上市公司	VAIC、分量回归分析	CE和HC与P呈正相关；随着P的增加，HC的作用逐渐增大，CE的作用逐渐减小

① 李嘉明，黎富兵．企业智力资本与企业绩效的实证分析［J］．重庆大学学报，2004(12)：131-137.

② 白明，张辉．VAIC法计量的知识资本与财务指标实证研究［J］．统计与决策，2005(8)：18-26.

③ 万希．智力资本对我国运营最佳公司贡献的实证分析［J］．南开管理评论，2006(9)：188-192.

④ 王新利，王凯．企业智力对企业绩效贡献的实证研究——基于分位数回归的两行业对比分析［J］．统计与决策，2008(7)：87-92.

⑤ 傅传锐．我国上市公司智力资本与股价相关性的实证研究［J］．经济经纬，2008(1)：149-152.

续表

作者	行业(样本)	方法	结果
李冬伟、汪克夷(2009)①	高科技企业(电子、通信、计算机、医药、仪表文化等)2002—2006	指标计算、回归分析	IC与P有正的影响关系；HC与P为正，但不显著
卢馨、黄顺(2009)②	沪深A股制造业、信息技术业和房地产业	指标计算、回归分析	各行业有区别。HC对P有积极正作用；SC对P有副作用
李慧娟、王琳(2010)③	2006—2008年沪深上市的能源行业	VAIC、回归分析	CE对P显著正相关；HC对P有正向作用；SC对P积极正向作用
吴小蕾(2010)④	2009沪深上市的43家民营企业2004—2008年	VAIC、回归分析	IC对P显著正相关；但是物质资本仍是最重要的资源
申小莉(2010)⑤	十家动漫企业	SEM	结构资本、关系资本和创意资本间接影响其财务绩效
陈晓红、李喜华、曹裕(2010)⑥	2002—2007年上市的竞争型和非竞争型企业	面板数据模型和模型	CE和HC对P均正积极影响；SC在竞争行业为正，非竞争行业为负

① 李冬伟，汪克夷．智力资本与高科技企业绩效关系研究——环境的调节作用：中国人信任的结构与特征［J］．科学学研究，2009(11)：1700-1707.

② 卢馨，黄顺．智力资本驱动企业绩效的有效性研究——基于制造业、信息技术业和房地产业的实证研究［J］．会计研究，2009(2)：68-74.

③ 李慧娟，王琳．能源行业智力资本对企业绩效影响的实证研究［J］．企业管理，2010(24)：171-174.

④ 吴小蕾．智力资本与民营企业绩效关系研究［J］．经济纵横，2010(7)：111-114.

⑤ 申小莉．动漫企业智力资本结构对企业绩效的影响与提升研究［D］．长沙：中南大学，2010.

⑥ 陈晓红，李喜华，曹裕．智力资本对企业绩效的影响：基于面板数据模型的分析［J］．系统工程理论与实践，2010(7)：1176-1184.

续表

作者	行业(样本)	方法	结果
罗海虹(2011)①	电信企业 2005—2009 年数据	回归分析	HC 对 P 的影响显著为正，SC 对 P 没有发挥正的作用
张宗益、韩海东(2011)②	沪、深 A 股，制造业、信息技术、房地产 2002—2008 年数据	VAIC、回归分析	智力资本与 P 之间的关系有较大的区别，信息技术行业较为显著
夏雯婷(2012)③	沪深上市的生物制药行业 2004—2008 年数据	偏相关分析、回归分析	只有成长期的企业，智力资本各要素对 P 才有正的影响作用
王玲、孙贺捷(2012)④	2007—2010 年上市的生物医药、纺织服装行业	修正的 VAIC、回归分析	同质型人力资本对 P 影响非常显著；异质型人力资本对 P 有积极的促进作用。行业具有差异
杨蕙馨、徐召红(2013)⑤	联想集团	案例分析	智力资本直接影响企业绩效
吴晓云、王峰(2013)⑥	知识密集型服务企业(金融、法律、会计、咨询、医疗、教育)	问卷、线性回归	“硬”智力资本与 P 呈直接相关；“软”智力资本与 P 关系未获取数据支持

① 罗海虹．智力资本对电信企业绩效影响的实证研究[D]．北京：北京邮电大学，2011.

② 张宗益，韩海东．行业间智力资本与企业绩效关系对比研究[J]．科技进步与对策，2011(16)：47-50.

③ 夏雯婷．智力资本对企业绩效的影响——基于生命周期理论的实证分析[J]．科技管理研究，2012(19)：173-177.

④ 王玲，孙贺捷．智力资本对上市公司绩效的影响研究——以生物医药、纺织服装行业为例[J]．财会月刊，2012(10)：33-37.

⑤ 杨蕙馨，徐召红．智力资本、动态能力对企业绩效的作用研究——基于联想集团的案例分析[J]．华东经济管理，2013(10)：1-6.

⑥ 吴晓云，王峰．知识密集型服务企业智力资本与绩效关系的实证研究[J]．现代管理科学，2013(5)：12-17.

续表

作者	行业(样本)	方法	结果
王曙、程李梅(2013)①	对成长型企业 2007—2010 年面板数据	多元回归分析	智力资本对会计 P 和市场 P 有显著正作用
刘佳鑫(2013)、刘兵②	16 家上市商业银行 2007—2011 年的数据	DEA 分析方法	智力资本与经营绩效之间有显著的影响
杨蔓利(2013)③	95 家汽车制造行业 2008—2011 年数据	VAIC、多元线性回归	CE、HC、SC 均对 P 有积极的促进作用
叶安琦(2013)④	16 家上市商业银行 2007—2011 年的数据	VAIC、回归分析	SC 与 P 呈显著正相关；HC 与 P 呈负相关，但不显著；CE 与 P 正相关，但不显著
周娜(2013)⑤	沪深上市的 60 家高新技术产业	VAIC、SPSS 软件	智力资本与 P 正相关，各要素与 P 显著正相关
吴利华、阎星云(2014)⑥	江苏省 2007 年工业企业	结构方程模型	智力资本各要素对 P 有影响，但是整体对 P 的影响不显著

① 王曙，程李梅．成长型企业智力资本与绩效相关性研究［J］．科技管理研究，2013(5)：220-222.

② 刘佳鑫，刘兵．基于 DEA 方法的我国上市银行智力资本对经营绩效的影响研究［J］．武汉金融，2013(2)：26-28.

③ 杨蔓利．智力资本对企业绩效影响的实证研究——以我国汽车制造业上市公司为例［J］．会计之友，2013(8)：53-56.

④ 叶安琦．智力资本要素与商业银行绩效关系的研究——基于上市商业银行的数据［D］．杭州：浙江大学，2013.

⑤ 周娜．智力资本与企业绩效相关性分析——基于高新技术行业的实证分析［D］．济南：山东财经大学，2013.

⑥ 吴利华，阎星云．战略、智力资本与企业绩效关系研究——基于江苏省工业企业的实证分析［J］．企业经济管理，2014(2)：75-78.

续表

作者	行业(样本)	方法	结果
秦辉、王瑜炜(2014)①	Scopusl、Sevier Science、EBSCO、Springer Link以及中国知网上进行文献检索	Meta 回归分析	智力资本与组织绩效之间存在着显著的正作用
王智宁、王念新、吴金南(2014)②	江苏省高新技术产业	结构方程模型	智力资本对运营绩效和财务绩效均产生正的影响
张慧颖、吕爽(2014)③	随机抽取各种类型企业	结构方程模型	外部社会资本能带来新的商业机会

资料来源：作者根据相关文献整理所得。

三、保险业智力资本与绩效关系的研究

国外学者以保险业为研究对象，对智力资本与绩效之间的关系进行了一些研究。Anshori and Iswati(2007)以在印度尼西亚证券交易所上市的10家保险公司为样本，研究了这些公司中智力资本和公司绩效之间的关系，该研究以市场价值和账面价值的比测量公司绩效。研究发现，智力资本与公司利润之间有显著的积极作用④。Mohammad Alipour(2012)以2005—2007年伊朗39家保险公司为样本，用智力资本增值系数衡量智力资本，用总资产收益率(ROA)衡量保险公司绩效，研究发现智力资本及人力资本、结构资本对公

① 秦辉，王瑜炜．智力资本提升组织绩效了吗？——基于Meta分析的检验［J］．科学学与科学技术管理，2014(3)：154-163.

② 王智宁，王念新，吴金南．知识共享与企业绩效：智力资本的中介作用［J］．中国科技论坛，2014(2)：65-71.

③ 张慧颖，吕爽．智力资本、创新类型及产品创新绩效关系研究［J］．科学学与科学技术管理，2014(2)：162-168.

④ Anshori M., Iswati S. The Influence of Intellectual Capital to Financial Performance at Insurance Companies［N］. Paper Presented at 13th Asia Pacific Management Conference in Jakarta Stock Exchange (JSE) Melbourne, 2007.

司利润有积极影响①。Wen-Min Lu，Wei-Kang Wang and Qian Long Kweh(2014)以2006—2010年34家寿险公司为样本，采用截尾回归方法，研究了这些公司智力资本与经营绩效之间的关系，结论如下：智力资本整体、人力资本、结构资本和物质资本对企业绩效的提高具有积极的影响，同时还得出，保险公司对智力资本的投资越大，就越会获得更好的经营绩效②。

第四节　智力资本对绩效的作用机理研究综述

20世纪末期，对智力资本作用机制的研究逐渐成为研究热点，尤以实证研究为主，基本形成了三种观点。

一、直接效应：智力资本直接影响组织绩效

直接效应观点认为，智力资本对组织绩效具有直接影响效应，智力资本能够独立于其他因素，直接促进组织绩效的创造与提升。研究表明，智力资本对组织盈利能力、生产能力、市场价值、竞争优势和创新能力等财务和非财务绩效均可能产生直接影响。直接效应研究主要从智力资本整体影响效应、各构成要素影响效应和各构成要素交互影响效应三个视角展开。

(一)智力资本整体影响效应

一般将智力资本作为一个整体单独或与物质资本比较分析其对组织绩效的影响，并未具体分析智力资本各构成要素的影响效应。研究结果基本证实，智力资本对组织绩效具有积极正效应，但对组织绩效不同层面的影响程度却有所差异。

Riahi-Belkaoui(2003)基于资源基础和利益相关者观点，选取

---

① Mohammad Alipour. The Effect of Intellectual Capital on Firm Performance: An Investigation of Iran Insurance Companies [J]. Measuring Business Excellence, 2012, 16(1): 53-66.

② Wen-Min Lu, Wei-Kang Wang, Qian Long Kweh. Intellectual Capital and Performance in the Chinse Life Insurance Industry [J]. Omega, 2014, 2(42): 65-74.

了《财富》1991 年评选的“最国际化”的 100 家美国制造和服务公司中的 81 家为样本进行检验，说明智力资本对美国跨国公司的财务绩效具有积极显著的正向作用，是跨国公司持续超额利润的主要源泉①。Tan 等(2007)利用来自新加坡交易所上市的 150 家公司的数据进行分行业分群检验，结果表明，智力资本与公司绩效正相关，公司的治理资本增长率与公司绩效(未来绩效)呈正相关②。而 Zéghal 和 Maaloul(2010)对高科技、传统和服务业三组产业的 300 家英国公司的检验结果显示，公司的智力资本对经济、财务绩效产生积极影响，但智力资本和股市绩效之间的关联只对高新技术产业是显著的。同时，资本运用保持了对财务绩效和股市绩效的主要决定性，尽管它对经济绩效产生负面影响③。Rossi 和 Celenza (2012) 对意大利的经验研究证实，智力增值系数(VAIC)与(净资产收益率)ROE 之间具有直接关系④。我国学者刘超和原毅军(2008)运用分位数回归模型检验了中国 2005 年 98 家 IT 上市公司智力资本与企业绩效的关系，结果表明，智力资本对企业绩效具有积极正效应，且随企业绩效的不断提高，其贡献度逐渐增大⑤。李常洪等(2011)对参与战略联盟的 31 家上市公司的回归分析表明，智力资

① Riahi-Belkaoui A. Intellectual Capital and Firm Performance of US Multinational Firms: A Study of the Resource-based and Stakeholder Views [J]. Journal of Intellectual Capital, 2003, 4(2): 215-226.

② Tan H. P. Intellectual Capital and Financial Returns of Companies [J]. Journal of Intellectual Capital, 2007, 8(1): 76-95.

③ Zéghal D., Maaloul A. Analysing Value Added as An Indicator of Intellectual Capital and its Consequences on Company Performance [J]. Journal of Intellectual Capital, 2010, 11(1): 39-60.

④ Rossi F., D. Celenza. The Relationship between Intellectual Capital(IC) and Stock Market Performance: Empirical Evidence from Italy [J]. Journal of Modern Accounting and Auditing, 2012, 8(11): 1729-1741.

⑤ 刘超，原毅军. 智力资本对企业绩效影响的实证研究[J]. 东北大学学报(社会科学版)，2008，10(1)：32-35.

本对战略联盟企业的价值创造具有显著影响①。

(二)智力资本各构成要素影响效应

1. 大多数学者的研究强调，智力资本的各构成要素对组织绩效均产生积极效应

虽然对智力资本结构划分不一，但部分学者的研究却支持智力资本的各构成要素均对组织绩效具有积极效应。如 Peña(2002)的研究指出，企业家人力资本、组织资本及关系资本是企业重要的无形资产，与新创企业的风险绩效之间存在显著的正相关关系②。朱瑜等(2007)认为人力资本、结构资本和关系资本都对组织绩效具有促进效应③。Chen 等④、Tovstiga 和 Tulugurova⑤ 及 Khani 等⑥认为，智力资本(人力资本和结构资本)与组织绩效相关，是驱动企业绩效的最主要的因素。Wang(2008)对美国标准普尔 500 指数公开上市电子公司的研究结果显示，智力资本及人力资本、结构资本、关系资本和流程资本均与公司市场价值具有显著关系⑦。王曙、程李梅(2013)对 2007—2010 年 36 家成长型上市公司的分析显示，人力资本与成长型企业绩效具有相对较弱的正相关性，而结构

---

① 李常洪，谢元元，李建邦等．基于智力资本的战略联盟企业价值创造[J]．华东经济管理，2012，25(2)：84-89.

② Peña I. Intellectual Capital and Business Success [J]. Journal of Intellectual Capital, 2002, 3(2): 180-198.

③ 朱瑜，王雁飞，蓝海林．企业文化、智力资本与组织绩效关系研究[J]．科学学研究，2007，25(5)：952-958.

④ Chen M. C, Cheng S., Hwang Y. An Empirical Investigation of the Relationship between Intellectual Capital and Firm's Market Value and Financial Performance [J]. Journal of Intellectual Capital, 2005, 6(2): 159-176.

⑤ Tovstiga G., Tulugurova E. Intellectual Capital Practices and Performance in Russian Enterprises[J]. Journal of Intellectual Capital, 2007, 8(4): 695-707.

⑥ Khani A. The Impact of Intellectual Capital on Performance of Iranian Food Firms [J]. Interdisciplinary Journal of Contemporary Research in Business, 2011, 2(10): 315-327.

⑦ Wang J. C. Investigating Market Value and Intellectual Capital for S&P 500[J]. Journal of Intellectual Capital, 2008, 9(4): 546-563.

资本与成长型企业会计绩效呈显著正相关性，与其市场绩效则具有较弱正相关性①。

2. 智力资本各构成要素对组织绩效产生不同效应

一些学者的研究则表明，智力资本各个构成要素对组织绩效产生不同效应。其一，结构资本对组织绩效具有正效应，但人力资本却并未发挥积极效应。Firer 和 Williams(2003)以南非四个智力资本密集行业中的 75 家公开上市公司为样本进行研究，结果表明，物质资本对企业市场价值具有积极的正向影响，结构资本对企业盈利能力具有适度正向的促进效应，而人力资本并没有发挥积极的促进作用，与企业生产率和市场价值呈现显著负相关关系②。Khalique 等(2011)对巴基斯坦电气和电子中小企业的研究显示，顾客资本和结构资本对组织绩效有显著影响，而人力资本对组织绩效不具有显著影响③。Chu 等(2011)的研究也强调结构资本对组织绩效的作用④。其二，人力资本在组织绩效中发挥着关键作用。Kamath (2008)采用与 Firer 和 Williams(2003)类似的方法对印度药物和制药行业排名前 25 家公司的研究却表明，人力资本对研究期间企业的盈利能力和生产率有重大影响⑤。Choudhury(2010)的问卷调查分析认为，人是一个组织最重要的资产⑥。此外，也有研究结果证

① 王曙，程李梅. 成长型企业智力资本与绩效相关性研究[J]. 科技管理研究，2013(5)：220-222.

② Firer S., Williams S. Intellectual Capital and Traditional Measures of Corporate Performance[J]. Journal of Intellectual Capital，2003，4(3)：348-360.

③ Khalique M. Role of Intellectual Capital on the Organizational Performance of Electrical and Electronic SMEs in Pakistan[J]. International Journal of Business and Management，2011，6(9)：253-257.

④ Chu S. Charting Intellectual Capital Performance of the Gateway to China [J]. Journal of Intellectual Capital，2011，12(2)：249-276.

⑤ Kamath G. B. Intellectual Capital and Corporate Performance in Indian Pharmaceutical Industry[J]. Journal of Intellectual Capital，2008，9(4)：684-704.

⑥ Choudhury J. Performance Impact of Intellectual Capital：A Study of Indian it Sector[J]. International Journal of Business and Management，2010，5(9)：72-80.

实，人力资本和结构资本对组织绩效均产生正效应，而关系资本却具有负效应(如原毅军等)①。或者，人力资本和结构资本均对组织绩效具有负效应，而创新资本却具有积极正效应(如 Chang 和 Hsieh)②。

3. 智力资本各构成要素对组织绩效并未产生较大效应

部分学者的研究认为，相对于物质资本，智力资本各个要素对组织绩效并未发挥较大效应。Muhammad 和 Ismail(2009)对马来西亚金融部门 18 家公司的检验结果发现，智力资本整体与盈利能力和净资产收益率具有显著的正向关系，人力资本和结构资本则与公司绩效没有显著关系。同时证实马来西亚金融业市场价值更多是由物质资本创造的，而不是智力资本③。Chan(2009)对香港联交所恒生指数成份股公司的研究显示，没有确凿的证据支持智力资本和所调查的香港样本公司的四个财务绩效指标之间具有明确关联，充其量只是智力资本和盈利能力之间具有适度的关联。物质资本在提高市场估值、生产力和盈利能力方面依然占主导地位④。Maditinos 等(2011)的研究证明，在希腊的商业环境中，仅仅人力资本系数与研究使用的三个财务绩效指标之一的净资产收益率之间的关系得以证实，说明希腊企业对组织绩效不同层面具有不同程度的影响。但也有部分研究证实，智力资本的结构要素对组织绩效并未发挥较大效应，物质资本依然在绩效创造和价值贡献中占据主导地位，有

① 原毅军，李宜，高微．智力资本投资与企业资本化发展——基于软件上市公司的实证研究[J]．大连理工大学学报：社会科学版，2009，30(2)：16-21.

② Chang W. S, Hsieh J. J. Intellectual Capital and Value Creation-Is Innovation Capital a Missing Link? [J]. International Journal of Business and Management, 2011, 6(2): 3-12.

③ Muhammad N., Ismail M. Intellectual Capital Efficiency and Firm's Performance: Study on Malaysian Financial Sectors [J]. International Journal of Economics and Finance, 2009, 1(2): 206-213.

④ Chan K. H. Impact of Intellectual Capital on Organisational Performance: An Empirical Study of Companies in the Hang Seng Index(Part 2)[J]. The Learning Organization, 2009, 16(1): 22-39.

部分人更信任物质资本的作用①。我国学者李嘉明和黎富兵(2004)对我国计算机上市公司的实证检验结果显示，物质资本与企业绩效间呈显著正相关关系，人力资本与企业绩效虽呈正相关，但统计结果并不十分显著，而结构资本则对企业绩效具有负面效应②。万希(2006)对中国2003年50家运营绩效最佳公司中的41家样本上市公司进行实证检验，结果表明，物资资本对企业绩效具有显著正效应，而人力资本和结构资本虽也对企业绩效具有正效应，但在统计结果上却不十分显著③。

(三)智力资本各构成要素交互影响效应

智力资本的各构成要素之间具有交互作用，单项要素可能直接影响组织绩效，也可能通过其他要素间接作用于组织绩效，或者多个构成要素的共同作用影响组织绩效。但由于对智力资本结构划分和测度方法的不一致，对智力资本结构各构成要素交互作用机制的研究并未形成一致结论。

1. 智力资本各构成要素以结构资本为中介间接影响组织绩效。Bontis等(2000)对马来西亚服务业和非服务业的比较研究结果显示，无论何种行业，人力资本均是重要的，它对结构资本的影响在非服务业中比在服务业中影响更大；不考虑行业，关系资本均对结构资本具有显著影响；无论何种行业，结构资本的发展与企业绩效均具有正相关关系，结构资本对企业绩效具有积极的正效应④。而Maditinos等(2010)采用与Bontis类似方法对雅典证券交易所上市公司的研究表明，在服务和非服务行业，人力资本是非常重要且对顾客资本有正效应；顾客资本在服务行业对结构资本有影响；不管

① Maditinos D. The Impact of Intellectual Capital on Firms' Market Value and Financial Performance[J]. Journal of Intellectual Capital, 2011, 12(1): 132-151.

② 李嘉明，黎富兵．企业智力资本与企业绩效的实证分析[J]. 重庆大学学报：自然科学版，2004，27(12)：134-138.

③ 万希．智力资本对我国运营最佳公司贡献的实证分析[J]. 南开管理评论，2006，9(3)：55-60.

④ Bontis N. Intellectual Capital and Business Performance in Malaysian Industries[J]. Journal of Intellectual Capital, 2000, 1(1): 85-100.

哪种行业类型，创新资本和结构资本之间似乎都有重要的积极关系；在两个行业类型中，尤其是在非服务行业，结构资本对企业绩效都具有积极效应①。而我国学者卢馨和黄顺(2009)比较检验制造业、信息技术业及房地产业的结果表明，人力资本只有结合结构资本才能发挥效益，三个行业的实证结果均证实结构资本与企业绩效具有负相关关系②。

2. 人力资本以智力资本其他构成要素为中介间接影响组织绩效。Wang 等(2005)的研究证实，除人力资本以外，智力资本要素直接影响台湾 IT 企业绩效。人力资本通过另外三个要素——创新资本、流程资本和顾客资本间接影响绩效，人力资本影响创新资本和流程资本，创新资本影响流程资本，进而影响关系资本③。Cohen 和 Kaimenakis (2007)检验希腊知识密集服务业的中小企业发现，只有人力资本与组织资本以及人力资本与顾客资本之间具有直接相互关系④。Kamukama 等(2010)的研究表明，在乌干达小额信贷机构，人力资本对绩效的影响程度部分依赖于结构或关系资本，但关系和结构资本之间却没有建立显著交互作用⑤。蒋琰和茅宁(2007⑥，

---

① Maditinos D. Intellectual Capital and Business Performance: An Empirical Study for the Greek Listed Companies[J]. European Research Studies, 2010, 13(3): 145-167.

② 卢馨，黄顺．智力资本驱动企业绩效的有效性研究——基于制造业、信息技术业和房地产业的实证分析[J]. 会计研究，2009(2)：68-74.

③ Wang W. Y, Chang C. F. Intellectual Capital and Performance in Causal Models: Evidence from the Information Technology Industry in Taiwan[J]. Journal of Intellectual Capital, 2005, 6(2): 222-236.

④ Cohen S., Kaimenakis N. Intellectual Capital and Corporate Performance in Knowledge-intensive SMEs[J]. The Learning Organization, 2007, 14(3): 241-262.

⑤ Kamukama N. Intellectual Capital and Performance: Testing Interaction Effects[J]. Journal of Intellectual Capital, 2010, 11(4): 554-574.

⑥ 蒋琰，茅宁．多元资本结构在中国企业的实证研究[J]. 中国工业经济，2007(1)：78-84.

2008①)认为，财务资本与智力资本的耦合作用创造了企业价值，而智力资本要素之间存在相互影响和相互转化关系。人力资本不能直接实现企业绩效创造，需以结构资本和关系资本为中介才能发挥绩效创造作用。

此外，也有部分学者的研究反映了智力资本各构成要素之间的其他交互作用，如关系资本在智力资本构成要素中对组织绩效影响中的中介效应。Tseng 和 Goo(2005)对台湾制造业的研究指出，组织资本并未直接正面地影响企业价值，但能间接透过创新资本与关系资本正面地影响企业价值。人力资本是透过创新资本、组织资本和关系资本间接正面地影响企业价值的，而创新资本与关系资本均能直接正面地影响企业价值，但创新资本有较强的影响力②。Cheng 等(2010)对美国医疗保健行业的研究表明，智力资本显著影响企业绩效，创新资本和流程资本通过顾客资本和人力资本间接影响绩效③。而我国学者陈劲等(2004)对浙江高科技企业的研究发现，人力资本显著影响结构资本与客户资本，较显著影响创新资本，结构资本显著影响创新资本与关系资本，创新资本较显著影响关系资本，而关系资本与企业绩效具有最直接联系，这四要素整合后的智力资本与企业绩效具有更强的正相关性④。李经路(2013)对2007—2011年高科技上市公司智力资本价值贡献度及其耦合协调度进行测度，提出智力资本三要素共生演化促进智力资本的价值贡

---

① 蒋琰，茅宁．智力资本与财务资本：谁对企业价值创造更有效——来自于江浙地区企业的实证研究[J]．会计研究，2008(7)：49-56.

② Tseng C，Goo Y. J. Intellectual Capital and Corporate Value in an Emerging Economy：Empirical Studies of Taiwanese Manufacturers [J]. R&D Management，2005，35(2)：187-201.

③ Cheng M. Y. Invested Resource，Competitive Intellectual Capital，and Corporate Performance[J]. Journal of Intellectual Capital，2010，11(4)：433-450.

④ 陈劲，谢洪源，朱朝晖．企业智力资本评价模型和实证研究 [J]．中国地质大学学报，2004(6)：27-31.

献①。吴晓云和王峰(2013)对知识密集型服务企业的数据分析支持了“硬”智力资本与“功能”智力资本直接影响了绩效，但并未支持“软”智力资本对绩效的影响，然而，智力资本各构成要素之间的相互关系却很难有效区分出各自对绩效的贡献②。刘玉平和赵兴莉(2013)对我国医药制造业上市公司的分析表明，智力资本四个构成要素：人力资本、流程资本、创新资本与顾客资本并非单独对企业价值产生作用，而是透过相互耦合驱动价值的创造，且其大于物质资本价值创造的驱动效果，但市场却并未充分认识这种驱动作用③。

二、间接效应：智力资本通过中介因素间接影响组织绩效

间接效应观点认为，智力资本对组织绩效具有间接效应，即智力资本通过对智力资本以外的其他中介变量的影响以间接影响组织绩效。

(一)知识管理的中介效应

Burt(1997)通过研究证实知识交流平台的构建有助于企业与信息所有者交换分享信息，识别与获取对企业最有价值的信息，它在智力资本对企业绩效的提升中发挥了重要作用④。Marr 等(2004)认为，知识共享机制促进了企业显性知识与隐性知识之间的相互转化，有助于组织对知识的消化吸收能力的提高，便于企业绩效的提升。故而，知识共享机制在智力资本对绩效的贡献中发挥了显著的

---

① 李经路．耦合视角下的企业智力资本价值贡献研究[J]．软科学，2013，27(6)：108-113.

② 吴晓云，王峰．知识密集型服务企业智力资本与绩效关系的实证研究[J]．现代管理科学，2013(5)：12-17.

③ 刘玉平，赵兴莉．智力资本驱动企业价值创造的有效性研究——基于智力资本综合评价视角[J]．中央财经大学学报，2013(1)：41-46.

④ Burt R. S. The Contingent Value of Social Capital[J]. Administrative Science Quarterly，1997，42(2)：339-365.

中介作用①。林筠和何婕(2011)指出，组织资本和关系资本透过内部隐性知识转移对渐进式技术创新形成间接效应，人力资本和关系资本透过外部隐性知识转移对根本性技术创新产生间接作用②。

(二)组织能力的中介效应

组织的经营能力、学习能力、吸收能力和动态能力等在智力资本绩效贡献中发挥着中介作用。Menor 等(2007)在对美国制造业的横截面调查数据的实证研究中发现，经营能力在经营型智力资本对经营绩效的影响中发挥了中介作用，其中产品创新发挥完全的中介作用，而流程灵活性通过产品创新发挥部分中介作用，影响企业市场绩效和财务绩效③。阎海峰等(2009)对与在华跨国公司存在互动关系的国内企业的研究表明，吸收能力在智力资本和技术创新之间发挥完全的中介作用，而在智力资本和管理创新之间发挥了部分中介作用④。而黄培伦等(2010)认为，人力资本、结构资本与关系资本影响企业形成动态能力，并进而影响企业可持续竞争优势⑤。Hsu 和 Wang(2012)采用贝叶斯回归对 242 家高科技企业 2001—2008 年的总体数据进行检验的结果显示，动态能力在结构资本对业绩的影响中发挥完全的中介作用，而在人力资本和关系资本对业绩的影响中发挥了部分中介作用⑥。杨蕙馨和徐召红(2013)对联想

① 朱瑜，王雁飞，蓝海林．智力资本理论研究新进展[J]．外国经济与管理，2007，29(9)：50-56.

② 林筠，何婕．企业智力资本对渐进式和根本性技术创新影响的路径探究[J]．研究与发展管理，2011，23(1)：90-98.

③ Menor L. J. Examining the Influence of Operational Intellectual Capital on Capabilities and Performance[J]. Manufacturing & Service Operations Management, 2007, 9(4): 559-577.

④ 阎海峰，陈利萍，沈锦杰．智力资本、吸收能力与组织创新关系研究[J]．研究与发展管理，2009，21(5)：39-46.

⑤ 黄培伦，曾春艳，尚航标．智力资本、动态能力与企业持续竞争优势的关系研究[J]．科技管理研究，2010(15)：108-110.

⑥ Hsu L., Chao-Hung Wang. Clarifying the Effect of Intellectual Capital on Performance: The Mediating Role of Dynamic Capability [J]. British Journal of Management, 2012, 23(2): 179-205.

集团的案例分析表明，智力资本不仅对企业绩效具有直接影响，而且通过动态能力的中介效应对企业绩效产生间接影响①。许红胜和王晓曼(2010)在对电力、蒸汽和热水生产与供应产业56家公司的检验中发现，人力资本、结构资本与关系资本会通过企业能力的中介作用对企业财务绩效形成间接效应②。武博和闫帅(2011)对120家知识型企业的分析结果显示，组织学习能力在人力资本和创新资本对知识创新绩效的影响中发挥了部分中介作用，而在结构资本和关系资本对知识创新绩效的影响中发挥了完全的中介作用③。

(三)知识产权的中介效应

Bollen等(2005)将德国制药行业智力资本价值和知识产权与公司绩效进行实证链接指出，人力资本、结构资本和关系资本对知识产权有重要影响，因此知识产权作为中介直接影响公司绩效。智力资本作为一个整体，应当包括知识产权，知识产权应当是智力资本的一部分④。

(四)竞争优势的中介效应

Kamukama等(2011)指出，竞争优势是智力资本与财务绩效之间关联的一个显著的中介变量，在乌干达的小额信贷机构中，智力资本与财务绩效之间发挥着部分中介作用，加强了两者之间的关系⑤。

此外，我国学者张宗益和韩海东(2010)还从员工激励、外部

---

① 杨蕙馨，徐召红．智力资本、动态能力对企业绩效的作用研究——基于联想集团的案例分析[J]．华东经济管理，2013，27(10)：1-6.

② 许红胜，王晓曼．智力资本、企业能力及财务绩效关系研究——以电力、蒸汽、热水的生产和供应产业为例[J]．东南大学学报(哲学社会科学版)，2010，12(3)：67-73.

③ 武博，闫帅．知识型企业智力资本对知识创新绩效的影响研究——兼论组织学习能力的中介作用[J]．求索，2011(9)：84-86.

④ Bollen L. Linking Intellectual Capital and Intellectual Property to Company Performance [J]. Management Decision, 2005, 43(9): 1161-1185.

⑤ Kamukama N. Competitive Advantage: Mediator of Intellectual Capital and Performance[J]. Journal of Intellectual Capital, 2011, 12(1): 152-164.

利益相关者需求的满足和智力资本三维协同方面提出了智力资本转化为组织绩效的路径。徐爱萍(2010)也提出了类似的转化路径。

三、调节效应：智力资本对组织绩效的影响受调节因素的干扰

调节效应观点认为，智力资本对组织绩效的影响需要通过调节变量发挥效应，智力资本对组织绩效的影响程度或方向具有差异性，还应当考虑智力资本以外的调节变量对绩效的影响。为管理和提取智力资本的价值，组织必须了解其运营的内外部情境(Sullivan，2006)。因此，在研究智力资本与组织绩效之间关系时，学者们尝试考虑组织内外部情境要素在其中的调节效应。

(一)创新战略的调节效应

Kuczmarski(1996)的研究认为，创新战略对智力资本和组织绩效的关系发挥了调节作用，组织创新战略水平的高低将影响智力资本对组织绩效的作用①。林妙雀和郦芃羽(2004)的研究表明，创新策略的采用，带动了智力资本对组织绩效影响的交互作用。实行技术创新战略有利于促进人力资本和关系资本提升组织财务绩效和组织效能，而善用管理创新战略有助于促进人力资本和结构资本提升组织财务绩效②。

(二)生命周期的调节效应

曹裕等(2010)认为，不同生命周期阶段，智力资本各要素对企业绩效的影响具有差异性，物质资本与人力资本在不同阶段对企业绩效都具有显著的正效应，结构资本只有在成长期才对企业绩效具有显著积极效应，而在成熟期和衰退期对企业绩效均不具有显著

① Kuczmarski T D. Fostering an Innovation Mindset [J]. Journal of Consumer Marketing，1996，13(6)：7-13.

② 林妙雀，郦芃羽. 智力资本与创新策略对组织绩效影响之研究：以赴大陆投资之台商电子资讯业加以实证[C]. 2004 科技整合管理国际研讨会论文集，2004：949-970.

影响，甚至具有负面效应①。夏雯婷(2012)基于生命周期理论的分析表明，智力资本在不同企业成长阶段发挥着不同的作用，仅仅在长期中的企业智力资本各要素对绩效才具有显著的促进作用②。

(三)冗余资源的调节效应

李冬伟和李建良（2010）以高科技上市公司为分析对象，验证了冗余资源在智力资本价值创造中具有明显的调节效应。其中，可利用冗余资源对人力资本和企业隐藏价值之间的关系具有显著的正向调节作用，潜在冗余资源对人力资本、创新资本与企业价值之间关系具有正向的调节作用③。杨蕙馨和徐召红(2013)在以联想集团为例的分析中指出企业冗余资源在智力资本对动态能力的作用中发挥调节效应，进而间接影响了对企业绩效的作用效应④。

(四)行业特性的调节效应

Reed 等(2006)探索了美国同一地理区域不同行业的个人和商业银行智力资本要素对财务绩效的影响。研究认为，行业经营环境会影响智力资本三要素与财务绩效之间的关系⑤。Tan 等(2007)对新加坡交易所上市的 150 家公司的分析表明，智力资本对公司绩效的贡献因行业而异。Zerenler 等(2008)在对土耳其汽车供应商行业的研究中发现，智力资本三要素对创新绩效具有显著正效应，且增长率越高的行业，人力资本、结构资本、客户资本与创新绩效之间

① 曹裕，陈晓红，李喜华．企业不同生命周期阶段智力资本价值贡献分析[J]．管理科学学报，2010(5)：21-32.

② 夏雯婷．智力资本对企业绩效的影响——基于生命周期理论的实证分析[J]．科技管理研究，2012(19)：173-177.

③ 李冬伟，李建良．智力资本、冗余资源与企业价值——基于一个调节效应模型的实证分析[J]．科学学与科学技术管理，2010，31(11)：119-128.

④ 杨蕙馨，徐召红．智力资本、动态能力对企业绩效的作用研究——基于联想集团的案例分析［J］．华东经济管理，2013，27(10)：1-6.

⑤ Reed K K. Proposing and Testing an Intellectual Capital-Based View of the Firm[J]. Journal of Management Studies, 2006, 43(4): 867-893.

具有越强的正相关关系①。Muhammad 和 Ismail (2009) 发现，相对于保险公司和证券经纪公司，银行业更依赖智力资本。我国学者卢馨和黄顺(2009)对制造业、信息技术业及房地产业的比较分析表明，不同行业智力资本驱动企业绩效存在差异。而陈晓红等(2010)的研究也显示，物质资本、人力资本和结构资本对企业绩效的影响在竞争性与非竞争性行业存在差异②。

(五)外部环境的调节效应

Juma 和 McGee(2006)的研究结果表明，智力资本和绩效之间的关系是受环境影响的③。Tovstiga 等(2009)比较了俄罗斯、德国、丹麦和美国四个地区公司的智力资本和外部环境因素对企业竞争力影响的重要性，结果显示：在四个地区中，相对于外部因素，智力资本都是企业竞争力的最关键驱动因素④。李冬伟和汪克夷(2009)认为，环境要素在智力资本和高科技企业绩效的关系中发挥了显著调节效应，环境适宜性对人力资本绩效创造具有显著的反向调节效应，对创新资本和流程资本绩效创造具有正向的调节效应，环境动荡性对流程资本和企业绩效间的关系具有反向的调节效应⑤。杨蕙馨和徐召红(2013)也提出了环境动荡性在智力资本、动态能力和

① Zerenler M. Intellectual Capital and Innovation Performance: Empirical Evidence in the Turkish Automotive Supplier[J]. Journal of Technology Management & Innovation, 2008, 3(4): 31-40.

② 陈晓红，李喜华，曹裕．智力资本对企业绩效的影响：基于面板数据模型的分析[J]. 系统工程理论与实践，2010，30(7)：1176-1184.

③ Juma, N, McGee J. The Relationship between Intellectual Capital and New Venture Performance: An Empirical Investigation of the Moderating Role of the Environment[J]. International Journal of Innovation and Technology Management, 2006, 3(4): 379-405.

④ Tovstiga G, Tulugurova E. Intellectual Capital Practices: A Four-region Comparative Study[J]. Journal of Intellectual Capital, 2009, 10(1): 70-80.

⑤ 李冬伟，汪克夷．智力资本与高科技企业绩效关系研究——环境的调节作用[J]. 科学学研究，2009(11)：1700-1707.

企业绩效的作用路径中发挥了调节效应①。

四、智力资本作用机制的成果论

智力资本是能够使一个企业、组织和国家富有的最有价值的资产(Stewart，1991)。纵观当前研究动态，迄今为止，国内外对智力资本作用机制和影响效应的研究已取得了一定进展，研究范围日益广泛。

(一)从单一行业研究扩展至多个行业研究

现有研究文献表明，对智力资本影响效应的研究虽大多集中于知识密集型的高新技术产业和IT行业，但也有一些学者将其延伸至对传统制造业、生物制药行业、服务业、金融业，甚至高校、医院等非营利组织的研究。同时，随着研究的深入，学者们尝试将这一研究从对上市公司的研究扩展至对中小企业、民营企业等不同性质企业的研究，从单一行业分析逐步扩展至多行业比较分析(如Bontis等，2000；Tan等，2007；Tovstiga等，2009；Maditinos等，2010；Zéghal和Maaloul，2010；卢馨和黄顺，2009；陈晓红等，2010)。

(二)从组织智力资本研究扩展至区域和国家智力资本研究

当前智力资本作用机制的研究层面大多着眼于组织智力资本视角，但近几年来，少数研究者开始尝试将其上升至区域和国家层面，探讨区域和国家智力资本的作用机制和影响效应，关注区域或国家智力资本对区域或国家创新能力、价值创造、经济增长和社会发展等的影响(如Stahle和Boun-four，2008；Schiuma等，2008；Reeve和Basalik，2011；陈武等，2010，2011)。这是对智力资本未来研究方向的一项重要探索。

(三)从单项绩效影响研究扩展至多重绩效影响研究

伴随快速的科技进步和知识经济的发展，智力资本在组织和社会经济发展中的作用日益凸显。因此，智力资本的作用机制亦体现

① 杨蕙馨，徐召红．智力资本、动态能力对企业绩效的作用研究——基于联想集团的案例分析［J］．华东经济管理，2013，27(10)：1-6.

于绩效的不同方面。为此，学者们对智力资本绩效贡献效应的研究，不仅从对财务绩效影响扩展至对竞争优势、创新能力等非财务绩效影响的分析，更从对当前绩效影响延伸至对未来绩效影响的分析，以及从对组织绩效影响延伸至对社会绩效影响的分析。

第五节 国内外研究述评

通过对国内外研究现状的梳理和综述，中国寿险业智力资本与经营绩效关系的相关问题研究存在一些局限和不足。主要具体在：

（一）智力资本及各要素对绩效的影响关系，目前学术界尚未达成共识

就本研究主题而言，目前并未形成统一的研究结论。尽管大量的研究成果认为，智力资本与企业绩效之间存在着显著的积极影响作用，但是也有学者认为只有在成长型的企业中智力资本对经营绩效才有积极的影响作用；也有研究结论认为，与硬智力资本不同，软智力资本和绩效的作用是反向的。关于智力资本各要素对绩效的影响结论，更是存在着较大的不统一性。同样是上市商业银行同样区间的数据，由于采用的研究方法不同，结论大相径庭。

（二）缺乏对中国寿险业智力资本和经营绩效关系的深入研究

现有文献对智力资本与经营绩效之间关系的研究取得了丰硕的成果，但行业主要集中在高新技术产业、电信、能源、计算机、制药等行业。对金融业的研究主要集中在银行业，对保险业特别是寿险行业智力资本与经营绩效关系的研究很少。国外一些学者进行了相关方面的研究，伊朗、巴基斯坦、马来西亚、澳大利亚等国家的学者也进行了该范围的研究。中国台湾地区亦有学者作出了相关方面的研究成果，但中国大陆地区对保险行业方面的研究尚属空白。

（三）尚未从动态和长期的视角对智力资本和经营绩效之间的关系开展研究

智力资本作为企业无形资产的一部分，其受益区间比企业的经营周期要长很多，要跨几个甚至几十个会计期间，因此研究智力资本的持续状态对企业经营绩效的影响，为加强智力资本及其相关要

素的管理提供理论依据和实践指导，是理论和实务界必须重视的内容。现有学者只有 Martin Clarke(2011)①在研究二者之间关系时，考虑了上年智力资本的状况对本年度经营绩效的影响。但他的研究只考虑了一年，不符合智力资本的资本特性，且不是针对保险行业的，因此就有必要对中国寿险业智力资本的持续状态和经营绩效关系进行研究。

---

① Martin Clarke. Intellectual Capital and Firm Performance in Australia [J]. Journal of Intellectual Capital, 2011, 4(14): 1469-1930.

第二章　相关理论基础

在现有的相关理论中，学者们提出和运用了多种理论来解释智力资本与企业价值之间的关系，为本书的研究提供了坚实的基础。智力资本理论作为知识经济时代的一个新的发展领域，具有其专有的理论基础。本章首先对智力资本整体与企业价值的相关理论基础进行阐述，然后根据智力资本的三个构成要素，分别对人力资本理论、组织资本理论、社会资本理论进行阐述，最后智力资本对企业价值的作用机理和创造价值的途径为本研究奠定了理论基础。

第一节　智力资本的相关理论基础

企业竞争优势决定了企业在市场竞争中的地位，解释竞争优势的来源是战略管理研究的主要议题。美国哈佛大学教授 Mason 和他的学生 Bain 所代表的哈佛学派认为，企业绩效的差异是由市场结构和市场行为决定的，并提出了组织理论的三个基本范畴：市场结构-市场行为-市场绩效。产业结构理论认为企业竞争优势是外生的，强调了市场势力的决定性作用，实证研究表明，面临相同市场条件的同一产业中的不同企业之间，市场绩效可能存在着较大的差异，产业结构理论无法对此作出合理的解释。当企业是一个寡头或是一个受管制的垄断者时，市场势力能较好地解释良好绩效的原因所在；当行业的竞争水平相对较高时，不存在行业进入壁垒或进入壁垒不明显时，效率逻辑能较好地解释企业之间的绩效差异。

一、资源基础理论

(一)资源基础理论的发展

20 世纪初学者开始提出“资源基础”，此概念应运而生。经过 20 世纪 50—60 年代的兴起，80 年代末至 90 年代初的发展，“资源基础”现已成为战略管理理论中的一个重要流派。资源基础理论中的资源是一个集合概念，早期资源基础理论研究者只是将一些有形的战略性资源作为决定竞争地位的源泉，特别是货币资金为最多种用途的资源。所谓“资源基础理论”(RBT)即是以“资源”为企业战略决策的思考逻辑中心和出发点，以“资源”连结企业的竞争优势与成长决策。20 世纪 80 年代早期，鲁梅尔特(Rumelt)实证研究结果发现，企业以超额利润率为表现形式的竞争优势并不是来自外部市场力量，而是市场力量以外的、企业自身的某些因素在起作用。换句话说，如果剥离出企业以外的相同因素，就可以发现，所剩下的只有企业自身了。因此，竞争优势内生于企业。正如鲁梅尔特所言：“很明显，最重要的超额利润的源泉是企业所具有的特殊性，而非产业内的相互关系①。”沃纳菲尔特(Wernerfelt，1984) 在其经典论文《公司资源学说》(*A Resource-based View of the Firm*)中提出存在于公司内部的资源对公司盈利、维持持续竞争优势的重要作用，并指出企业应从内部寻找差异②。该文正式提出“资源基础”的观点，并把资源视为企业战略的基础，提出企业内部资源和知识的积累是解释企业获得超额收益并保持持续优势的关键，同时把资源定义为“任何可以被认为是一个给定企业的力量或弱点的东西。更正式地说，一个企业的资源可以被定义为企业所永久性拥有的(有形和无形的)资产。资源的例子是品牌、内部的技术知识、高技能的雇员、贸易联系、机器、高效的程序、资本，等等”。而 Barney

---

① 余光胜. 企业竞争优势根源的理论演进［J］. 外国经济与管理，2002，10(4)：35-38.

② Wernerfelt B. A Resource-based View of the Firm［J］. Strategic Manangement Journal，1984，19(5)：55-67.

(1986)则把资源定义为“一个企业所控制的并使其能够制定和执行改进效率和效能之战略的所有的资产、能力、组织过程、企业特性、信息、知识，等等”。并指出，如果战略要素市场是完全竞争市场，企业对资源的获取将会反映该资源用于实施产品市场战略时所能够创造的绩效。Peteraf 认为资源的异质性体现在资源的供给有限，至少其供给不可能快速扩大，所以这些企业可以因拥有对这些资源的“垄断”而获得超过平均利润的 Rent(租金)。Olive 认为企业内部稀缺的生产流程、商誉、专利、专有技术以及和客户、社区乃至政府这样的制度参与者形成的制度资本都是资源的体现。Helfat 和 Raubitschek 进一步扩大了资源概念范畴，他们将对知识的管理作为企业战略性资源，认为导致企业竞争优劣差异的根本源泉是企业的组织能力与企业特定资产互动过程中积累的核心知识，企业中具有内生性的知识和能力与企业的产品发展都处在一个共同演进(Co-evolution)的模型之中。之后许多学者不断进行研究，企业资源观点逐步成为一个相对完整的理论体系。资源基础理论基于两个假设作为分析前提：①企业所拥有的资源具有“异质性”(Heterogeneity)；②这些资源在企业之间的“非完全流动性”。因而企业拥有的稀有、独特、难以模仿的资源和能力使得不同的企业之间可能会长期存在差异，那些长期占有独特资源的企业更容易获得持久的超额利润和竞争优势。

沃纳菲尔特(1984)认为企业不是一组产品或市场位置，而是资源的集合体。他对资源的界定很广泛，包括技术、品牌、优秀的员工、机器、交易合同、资本、有效的程序等。他还指出产品的购买者、资源的供应商、替代品等会影响资源的获利能力；企业的厂房规模、顾客的忠诚度、员工的生产经验、技术的领先程度等可以影响企业的获利能力；先行者优势构造的资源位置壁垒也可以影响企业的获利能力①。可以看出，这里的资源不仅仅包括实物资本等传统的有形资源，还包括人力资源、组织资源等无形资产。因此，

---

① Wernerfelt B. A Resource-based View of the Firm [J]. Strategic Manangement Journal, 1984, 19(5): 55-67.

沃纳菲尔特打破了传统的只重视实物资源的观点，对企业的有形资源(机器、厂房等)和无形资源(商誉、专利等)都给予了充分的关注。

1991年，Barney发表了《企业资源与持续竞争优势》，文中基于企业间的战略资源具有异质性且差异具有稳定性的假设，建立了持续竞争优势的企业资源模型。1993年，Peteraf发表了《竞争优势的基石：资源基础观》，这是一篇完全基于微观经济学基础资源逻辑理论的文章。资源学派在上述相关研究中指出，使用某个企业所拥有的资源作为分析单位来发展一种企业持久卓越绩效的理论是可能的，并构造了"资源-战略-绩效"的研究框架，表达了资源基础理论的核心思想，即企业绩效的差异是由企业的资源差异决定的，是一个从资源到战略再到绩效的因果关系。

(二)资源基础理论的主要观点

资源基础理论的实质就是以企业为分析单位，着眼于分析公司拥有的各项资源，以企业内部资源为分析的基础和出发点，通过探讨独特的资源与特异能力，达到提升企业竞争优势和获取超额利润(Supernormal Returns)的目的。该理论强调尽管企业拥有的能力和资源是获取竞争优势的关键资源，但是并不是所有的能力和资源都可以成为企业获取竞争优势的源泉，只有那些独特的能力和资源才能帮助企业取得持续的竞争优势。此处的资源包含有形资源和无形资源。巴尼(Barney，1986)、温特(Winter，1987)等学者研究认为，保持企业获取竞争优势的资源应具有以下特征：稀缺的、有价值的、不能被仿制的、不可替代的、不可买卖的、无形的、能以小于其价值的价格获得的、组织导向的独特性资源或战略性资源。"资源基础理论"假设要素市场是不完全的、企业是异质性的、资源是有限流动的。其所谓独特的资源需要满足四个特征才能称为独特(关键)资源：①有价值：拥有或控制有价值的资源，才可能获取某些潜在的竞争优势；②稀缺性：企业有价值的资源很多，而只有稀缺的、有价值的资源才能为企业带来竞争优势；③不可替代性；④不可模仿性。如果不能满足上述四个特征，企业所拥有的竞争优势将不可能保持长久，会因为竞争对手的复制、模仿、寻找其他替代资源而消失。具体来说，诸如企业可替代的、易于模仿的厂房、机器设备等均不属于战略性资源，而企业的组织能力、关键知识与技能等不可替代的、异质的、不易模仿的那些无形资源则属于战略性资源。这些无形的战略性资源即为前述的智力资本。资源基础理论认为企业竞争优势来源于企业内部而不是外在的环境，也就是说，企业自身的资源是竞争优势的基础，外部的市场结构虽然会对竞争优势产生一定的影响，但不是影响企业竞争优势的主要因素，企业所拥有的资源导致企业能够获得并保持卓越的绩效。

总之，资源基础论认为资源是公司获取利润的源泉。该理论还关注资源、持久的竞争优势与绩效之间的关系。资源基础理论的假设前提是资源要素市场的不完全性、企业的异质性、资源的有限流动性。在此基础上，该理论认为企业作为资源的集合体，其竞争优势需建立在企业所拥有的独特资历或战略性资源的基础之上，而这类竞争优势会由于以下因素的存在而具有持久性：要素市场不完全性、资源有限流动性和隔绝机制的存在。企业外部的市场机会与市场结构在一定程度上会影响企业的竞争优势，但不是决定性的因素。因为资源基础理论把企业的竞争优势由外生论扭转为内生论。以战略性资源为重点的企业资源的识别、积累和运用，逐渐取代对企业外部的市场结构分析进而成为战略管理的关注焦点。

(三)关键资源中的智力资本

上述资源基础理论对智力资本管理的形成与发展起到了重要的理论指导作用，同时拓宽了企业战略理论的研究范围，在理论分析中把企业投入的内涵拓宽到除劳动力和资本之外的企业能力、组织过程以及信息和知识在内的所有企业资源。智力资本具备的价值性、稀缺性、难以模仿性和难以转移性，成为知识经济时代企业创造财富的重要手段。这是因为：其一，资源基础理论拓展了传统经济学的资源范围，为研究智力资本与企业绩效关系奠定了理论基础。资源基础理论把传统的资源概念进行拓展，对企业的资源进行了全面的认识，同时对无形资产(战略性资产)的具体内容(如优秀员工等人力资源与技术、经验、组织过程)及其重要性(战略性资源)进行了详细的分析和说明。因而，企业有必要对其进行识别、评估并探讨其与企业价值之间的关系。

其二，资源基础理论倡导新的战略管理思想，导致企业智力资本管理与其他资产管理的目标、对象、具体方法不尽相同。比如，为了更好地服务于这一新的战略管理思想指导下的战略制定、实施与评估过程，智力资本管理需要对智力资本采用专门的方法计量、评估、报告和管理，并能正确地评估出智力资本的运用效率以反映企业战略性资源在积累过程中的相关性。本书借助 Grant(1991)的资源与利润基础架构图来描述基于资源基础理论的智力资本与企业价值关系。从图 2-1 中看出，带星号的是企业的部分智力资本，图中清晰看出智力资本作为关键资源和企业利润之间的关系①。

二、企业核心竞争力观

(一)核心竞争力理论的主要内容

因为资源基础理论无法很好地对企业竞争优势的根本来源进行解释，便有学者指出企业竞争优势的深层次来源是那些将资源归集、组合进而整合成产品和服务的技能。因为上述技能只有通过企业内部积累、使用，由此产生了核心竞争力概念。普拉哈拉德与哈默(Prahalad and Hamel)1990 在《哈佛商业评论》(*Harvard Business Review*)一书中发表了题为《公司的核心竞争力》(*The Core Competence of the Corporation*)一文引起了诸多关注，该书也因此成为了“企业核心能力理论”产生的标志性著作。企业核心竞争力的提出是基于企业能力的概念，而自从亚当·斯密的劳动分工理论产生后，便有了对于企业能力的研究，而后著名经济学家阿尔弗雷德·马歇尔在 1925 年的著作《经济学原理》中又提出了企业内部成长的思想。此后，艾迪斯·潘罗斯在 1959 年的出版的《企业成长论》一书中提出企业的资源和能力是构成绩效的基础，从而为企业核心竞争力理论研究奠定了基础。普拉哈拉德与哈默(1990)研究认为，核心竞争

① Grant R. M. The Resource-based Theory of Competitive Advantage: Implications for Strategy Formulation [J]. California Management Review, 1991, 33 (2): 122-131.

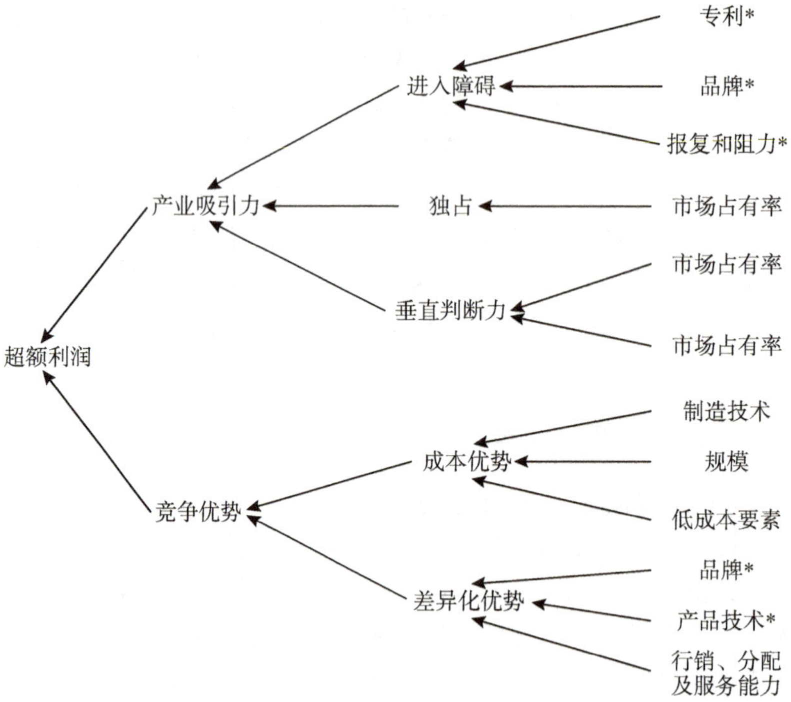

图 2-1　资源基础观下企业资源与利润结构图

力是指“组织中积累性的知识，特别是关于如何协同不同的生产技能和有机结合各种技术流派的知识”。因为核心竞争力具有的知识性特征，使得企业的优势更多表现为知识和累积性技能，进而企业的核心竞争力既是竞争优势的根，也是企业的价值之源①。

继普拉哈拉德与哈默之后，亦有许多学者对核心竞争力概念提出了自己的观点。如 Gallon(1995)把核心能力定义为组织竞争因素的协同体，主要反映为公司层次的和谐能力和职能部门的基础能力，强调了核心能力的持续性和广泛的价值性特征。罗伯兹

① 丁福斯．企业万能面向企业能力理论［M］．大连：东北财经大学出版社，1998：129.

(Roberts, 1995)和梅厄(Mayer, 1995)研究认为，企业的核心能力有累积性和途径依赖性，他们的实证结果表明，最成功的企业大多采取集中少数几个甚至某个关键核心技术领域的做法，同时企业产品的改进、提高也围绕这一领域。Foss(1996)指出，企业的核心能力既是组织资本，也是社会资本。其特征主要表现为异质性、有价值、不能模仿和难以替代等。库姆斯(Coombs, 1996)的研究结论也认为企业的"组织结构"是企业核心竞争力的一个重要的、潜在的投入要素，特别是那些在产品开发和企业的创新过程中连结不同职能部门的组织因素。

一般来讲，企业的核心竞争力是企业在经营与发展过程中优于竞争对手的核心能力和资源，它对企业价值的影响巨大，且能促使本企业做到最好，同时其他企业难以模仿的、稀缺的、独特的优势。剔除构成核心竞争力的其他要素，其基本含义大体包含以下三个基本要素：①价值性，即它能够为用户和市场创造突出的特定价值；②差异性，即具有不同于别的企业的特质，使得这种能力很难被模仿或替代；③延伸性，它主要体现为企业持续发展的技术能力。

(二)核心竞争力的动态性

由于核心能力形成是一个内生的长期积累过程，历史事件、实践经验及企业传统都是影响核心能力构建的关键因素，核心能力因而表现出历史依存性和一贯性；而核心能力一旦形成，就成为保持企业发展的内在一致的动力机制，从而限定企业的战略选择空间和业务活动范围。1992 年，著名战略管理学家 D. L. Barton 研究发现核心能力虽然可以为企业创造出相对于对手的竞争优势，但是在内外环境发生变化时，已有的核心能力可能成为企业变革的障碍，表现出不易被改变的核心刚性特性，从而提出了核心能力刚性的问题。1994 年，美国学者达韦尼提出了超级竞争的概念，其认为随着外部环境趋于动态化和复杂化，企业无法有效地保持其竞争优势，企业只有通过不断地变革形成一系列的短暂优势才能获得持续竞争优势。针对企业逐渐处于超级竞争环境和企业核心竞争力的刚性问题，战略管理专家蒂斯、匹萨诺和苏安三人于 1994 年在《战略管理杂志》上发表了《动态能力与战略管理》一文，正式提出了企业动态能力理论。蒂斯等认为动态能力是一种“整合、构建和重置公司内外部能力，以适应快速的环境变化的能力”。动态能力也就是一种在复杂动态环境下，企业实现其核心能力更新。Dosi 认为，动态能力是更新企业能力的能力，其目的是研究企业如何识别市场机会，合理配置、重构企业的资源和能力，以提升企业的市场价格，动态能力包括学习能力、解决问题的能力。Catherine 和 Pervaiz 通过研究将企业的动态能力定义为企业重新整合、配置和制造资源与能力，以形成核心竞争力的能力，从而以适应环境变化以维持竞争优势。

在竞争激烈的动态环境下，企业竞争优势是不会永远保持的，仅仅依靠模仿障碍和先发优势等隔绝机制无法保持长期的企业竞争优势。这是因为上述的隔绝机制大多在静态环境中才发挥作用。因此，持久竞争优势必须通过不断创造更新，并能确保更新速度能超过原有的竞争优势被侵蚀的速度。这样从长期来看，企业便具有了持续存在的竞争优势。动态能力有限的公司无法使竞争优势适应时间发展，最终它的优势地位便被其竞争对手替代。从这个视角看，核心能力必须具有动态性，否则不可能成为持续竞争优势的根源。因此，核心能力的动态性是支撑企业持续竞争优势的动力。就此意义而言，这里的动态核心能力思想补充和完善了普拉哈拉德与哈默开创的核心能力理论。因此，二者可统称为核心能力理论。

尽管“核心竞争力理论”涵盖了“企业资源观”的很多优点，如资源的稀缺性、不可模仿性、不可替代性等，但是二者之间的主要贡献存在着区别：核心竞争力理论的主要贡献是突出了动态性，指出企业拥有持续竞争优势的前提是不断地发展创新；而资源基础观则认为优势地位一劳永逸，因此一味地追求现有资源的存量。企业核心竞争力具有两个基本属性：价值型和延伸性，也正是这两个属性显著提高了企业的运营效率，使得企业在价值创造、降低成本等方面比竞争对手表现突出，从而能长期为企业创造超额利润。

总之，企业核心竞争力理论主张企业是能力集合或一个能力体系，只有通过持续不断地培养、积累、开发、维护、运用或创新来开发和保持企业的核心竞争力，才能使企业保持长久的竞争优势。

(三)企业的核心竞争力与智力资本

美国的战略管理学家 D. L. Barton 是基于知识观的核心竞争力理论的代表人物，基于知识观的核心竞争力理论的思想来源于理查德森的“企业知识基础论”，而后，Barton 发展了企业知识基础论，并认为企业的核心竞争力应该是使企业独具特色并为企业带来竞争优势的知识体系。它包括四个维度：技巧和知识系统、技术系统、管理系统和价值观系统，这四个维度之间存在较强的相互作用。巴顿还认为，核心竞争力构成了企业的竞争优势，它随时间积累而不易为其他企业所模仿。因此，企业为实现持续自主创新，必须以核心竞争力的持续积累为条件。国内学者刘冀生和吴金希研究认为企业的核心竞争力在于其知识管理能力，企业通过对其知识链的管理能够获得竞争优势。芮明杰和陈晓静通过实证研究验证了企业隐性知识的创新是企业核心竞争力的构建关键因素。

企业核心竞争力具有的知识性特征，与企业智力资本密不可分，同时也为智力资本识别和分类提供了理论基础。与企业的技术、品牌、制度等智力资本的重要构成要素不同，真正能反映和表明企业核心竞争力的是企业的智力资本。企业的发展既要有物质资本，更离不开智力资本。核心竞争力理论帮助企业管理者改变根深蒂固于管理者的传统观念：人是劳动力。智力资本理论及其所倡导的战略管理思想帮助管理者把人作为资本进行组织、管理和运用。本书借助 Javison(1998)的能力区别层级图(图 2-2)来描述智力资本与企业核心竞争力理论。

三、新经济增长理论

(一)新经济增长理论的主要内容

现代经济增长理论在经历了 20 世纪 40—50 年代哈罗德-多马模型的“资本积累论”和 20 世纪 60—70 年代索罗和丹尼森的“技术决定论”后，直到 20 世纪 80 年代中期才出现了以罗默的“收益递增的经济增长理论”和卢卡斯的“专业化人力资本积累增长理论”为主线的新经济增长理论，也称为“内生经济增长理论”。新经济增

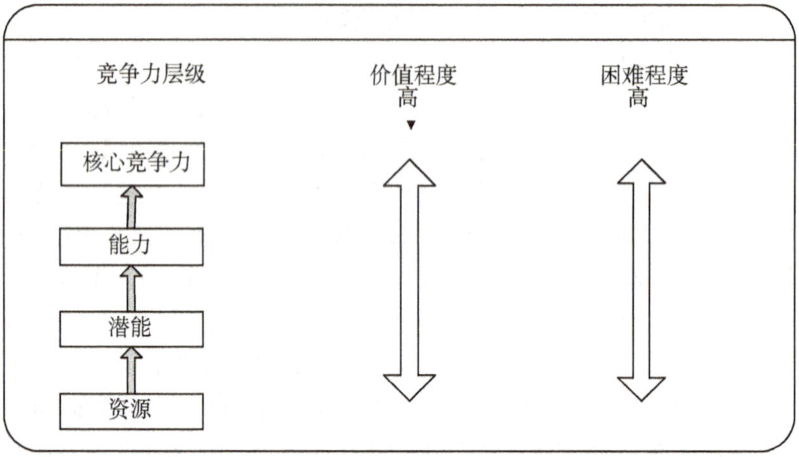

图 2-2　能力区别层级图

长理论构造了一系列模型，将技术创新活动内生化，把经济的长期增长归结为对人力资本与新技术投资的结果，这种投资活动不仅能带来更高的利润率，而且具有溢出效应和外部收益，所以，知识和人力资本是现代经济增长的新源泉和决定性因素。新经济增长理论给人力资本理论增添了新的内容，为人力资本的发展奠定了良好的基础。

20 世纪 80 年代末期，在 CC 新古典经济增长理论经历了近 20 年的沉寂之后，一些经济学家开始用新的经济增长理论来解释不同地区、不同国家人均收入的巨大差异。有关经济增长数据的可获得性，为新经济增长理论的研究和分析提供可能。美国经济分析局局长史帝文·兰德菲尔德和巴巴·弗兰克尼在其《新经济的度量》的研究报告中，指出新经济实际上是一种实体经济的变化，它不仅表现为社会产品结构、质量发生了变化，还表现为经济运行方式、社会分配方式、社会运转方式、社会生产过程和产业组织等都发生了变化，因此新经济是一种新经济形态。西方国家表现的以创新为基础的知识经济特征反映了新经济理论在经济现象中的运用。其中以罗默的“收益递增的经济增长理论”和卢卡斯的“专业化人力资本积累增长理论”最具代表性，又被称为“内生经济增长理论”。

1. 罗默的收益递增模型

最早提出新经济增长理论的是美国著名经济学家保罗·罗默(1986)，在他的题为《外部因素、收益递增和无限增长条件下的动态竞争均衡》的博士论文中陈述了新经济增长理论的主要内容：①知识和人力资本的差异是不同地区和国家经济发展水平差异的根本原因，知识可以提高投资收益；②作为企业新生产要素的知识，通过投资才可以获得；③对知识投资得越多，越能持续地提高该国的经济增长率；④企业产出受资本、人力资本投资(教育)、非熟练劳动力和新思想(专利)的影响，其规模收益是递增的；⑤国际贸易能促进人力资本、新技术和新知识的引进，进而促进一国经济的增长。

罗默认为特殊知识和专业化人力资本是经济增长的主要因素，它们能使资本和劳动等要素投入产生递增收益，从而使整个经济的规模收益递增，而递增的收益则能够保证长期持续的经济增长。可以以生产函数公式来表述：

$$Y_i = F(K_i,\ K,\ X_i)$$

式中，Y_i为i厂商的产出水平；K_i为i厂商生产某产品的专业化知识；K为所有厂商均可使用的一般知识；X_i为i厂商资本和劳动等生产要素的总和。罗默的收益递增模型将知识作为一个独立要素纳入经济增长模式，并且认为知识积累是促进现代经济增长的重要因素。其中知识被分解为一般知识和专业化知识，一般知识可产生规模经济效益，专业化知识可产生要素递增收益。这两种效应的结合不仅使知识、技术和人力资本本身产生递增收益，而且也使资本、劳动等要素的收益递增。对于个别厂商来说，这种递增收益还会形成垄断利润，进而为新产品的研发提供资金来源。

罗默的收益递增模型指出，科技要素和资本一样在经济增长过程中是不断变化的，它可以通过学习来增加知识、积累知识，获得人力资本。因此，科技在形成自身递增收益的同时，可以借助知识积累使劳动和资本也产生递增，继而使整体经济的规模收益递增。该理论表明，科技要素通过改变其他要素投入的收益对经济的增长产生作用，使其他生产要素的投入更有价值。而生产要素投入-产出效率的提高，能促进经济增长加速，又可以促进科技事业的发展，进而形成良性循环。

罗默的收益递增模型把知识看作一个独立生产要素纳入经济增长模式，并且指出知识积累可以促进现代经济的增长。而其中知识被分解为专业化知识和一般知识：专业化知识可以产生要素递增收益，一般知识则可产生规模经济效益。对于个别厂商来讲，这种递增收益还可以形成垄断利润，从而为新产品的开发提供资金来源。罗默明确指出技术进步与资本积累具有明显的相关性，经济增长在世界范围内的增长存在差异。1990 年，罗默又提出"内生技术变化模型"对前述模型进行了完善，在该模型中他对劳动进行了划分：简单劳动和熟练劳动(即人力资本)，并假设知识的生产只依赖于人力资本的投入和现有的知识存量。他的结论认为经济增长率是由人力资本水平决定的，人力资本水平越高，经济增长率就越高①。因此，不断创造知识、提高人力资本水平，是一个国家实现经济长期增长的必由之路。

2. 卢卡斯的人力资本积累模型

卢卡斯(1988)尝试用人力资本来解释持续经济增长，证明人力资本的增长率与人力资本生产过程的投入产出率、社会平均的和私人的人力资本在最终产品生产中的边际产出率正相关，与时间贴现率负相关。他认为人力资本积累是经济得以持续增长的决定性因素和产业发展的真正源泉，并使之内生化。他认为人力资本积累可以通过两种途径获得，一是通过脱离生产的正规、非正规学校教育；二是通过生产中边干边学、工作中的实际训练和经验积累。卢卡斯将劳动分为原始劳动和专业化人力资本，认为专业化人力资本才是经济增长的真正动力。他进一步区分了人力资本所产生的两种效应，通过正规和非正规教育形成的"内在效应"通常表现为资本等生产要素的收益递增。而"溢出效应"也来自于对人力资本的投

① 周建. 企业战略联盟的竞争力研究：核心竞争能力的观点［J］. 南开管理评论，2000(11)：44-47.

资，每一单位人力资本的增加除引起产出的提高外，还同时引起社会平均人力资本水平的提高，而社会平均人力资本水平决定社会平均的运作效率，该效率的提高又使每个企业和个人从中受益，即人力资本积累具有一定的外部性。卢卡斯以阿罗“干中学”模型为基础，建立了人力资本积累模型，强调了外部溢出效应对人力资本积累的作用。他不仅研究封闭状态下人力资本积累对经济增长的作用，还把国际贸易引入模型。他指出两国间经济增长率和收入水平的差异，主要源于它们在生产商品时投入的人力资本的差异。人力资本增长率高的国家，往往经济增长率也较高。发展中国家应集中有限的资源生产和出口那些具有人力资本优势的产品。扩大经济开放度可以使发展中国家更多地吸收先进技术和管理经验，从而提高经济发展的速度。

1989 年卢卡斯的论文《资本为什么不从富国流向穷国》进一步证实了他的理论，指出发展中国家与发达国家之间人力资本的差异、人力资本外部收益的差异、资本市场间的差异及政治方面的风险是造成这一现象的根本原因。卢卡斯的模型对推进经济增长和人力资本的研究作出了巨大的贡献，其意义主要体现在以下几个方面：首先，卢卡斯强调人力资本是经济增长的发动机。人力资本是劳动者的技能水平，它会提高劳动自身的生产率，而且它的外在溢出效应会从一个人扩散到另一个人身上，从旧产品传递到新产品，因而会提高所有生产要素的生产率，进而使产出具有递增效应。其次，卢卡斯解释了劳动力跨国流动及发展中国家中智力外流现象。由于外在溢出效应的存在，具有特定技能水平的劳动力在富国的工资会高于穷国的工资。一定技能水平上的工资率会随所在国财富的增加而增加，因此智力将从工资率较低的穷国流向工资率较高的富国。卢卡斯还从人力资本差异、外部效应等四方面解释了资本反向流动之谜。

卢卡斯还提出了解释“亚洲四小龙增长奇迹”的分析框架，他的理论对于解决发展中国家的经济发展问题具有启发性意义。首先，发展中国家必须通过大力提高人力资本积累率来吸引国际资本。在国际贸易方面，应集中有限的资源生产和出口具有人力资本优势的产品。同时，还必须扩大经济开放度，引进国外先进设备，在实践中积累经验，掌握先进技术，从而提高发展中国家劳动力素质并使其转化为人力资本以促进经济快速增长，进而缩小与发达国家之间的差距。此外，在地区经济增长中，劳动力质量比数量更为重要，如人力资本存量较低，那么相应的物质资本收益也无法提高。高素质人才从富裕地区向贫困地区流动是十分有限的，因此贫困地区应当加大人力资本投资力度，不断提高本地区人力资本水平。

与其他理论模型一样，卢卡斯的人力资本积累模型也有一定的局限性：首先，很难对该模型中的人力资本进行测度，它只是一个无法观察的数量或力量，因而很难对经济增长中人力资本的影响进行定量分析。其次，卢卡斯模型中假定任何一个国家人力资本积累与其他国家人力资本水平无关，但这与在某国人群中产生的思想会四处传播的事实相悖。因此，帕莱特等人对此进行了修正，提出任何一国的人力资本增长率会随其他国家人力资本水平的增加而增加，因此智力将从工资率较低的穷国流向工资率较高的富国。卢卡斯还从人力资本差异、外部效应等四方面解释了资本反向流动之谜。

卢卡斯还提出了解释“亚洲四小龙增长奇迹”的分析框架，他的理论对于解决发展中国家的经济发展问题具有启发性意义。首先，发展中国家必须通过大力提高人力资本积累率来吸引国际资本。在国际贸易方面，应集中有限的资源生产和出口具有人力资本优势的产品。同时，还必须扩大经济开放度，引进国外先进设备，在实践中积累经验，掌握先进技术，从而提高发展中国家劳动力素质并使其转化为人力资本以促进经济快速增长，进而缩小与发达国家之间的差距。此外，在地区经济增长中，劳动力质量比数量更为重要，如人力资本存量较低，那么相应的物质资本收益也无法提高。高素质人才从富裕地区向贫困地区流动是十分有限的，因此贫困地区应当加大人力资本投资力度，不断提高本地区人力资本水平。

与其他理论模型一样，卢卡斯的人力资本积累模型也有一定的局限性：首先，很难对该模型中的人力资本进行测度，它只是一个无法观察的数量或力量，因而很难对经济增长中人力资本的影响进行定量分析。其次，卢卡斯模型中假定任何一个国家人力资本积累与其他国家人力资本水平无关，但这与某地产生的思想会四处传播的事实相悖。因此，帕莱特等人对此进行了修正，提出任何一国的人力资本增长率会受其他国家人力资本水平的影响。

3. 新经济增长模型的主要贡献

新经济增长理论主要探讨了知识要素(除资本、劳动力以外)对收益的影响；新古典增长理论的研究内容是对经济增长源泉的更进一步探索，而该理论的贡献则把全要素生产率的提高当作广义的技术进步对经济增长的作用结果。新经济增长理论的分析进一步得出，知识经济条件下，物质因素、劳动力(一般劳动力)在经济增长中的作用已经弱化，而知识、技术、人力资本等生产因素的作用已经强化。报酬递增的经济增长方式下，要求人们重视技术的进步、知识的创新和人力资本的投资。

新经济增长理论至少给我们以下启迪：第一，经济增长的源泉是人力资本。我们说经济增长的源泉是人力资本，包含两层含义：首先，知识积累是内生的，是人力资本投资的结果。经济增长理论告诉我们，要使经济增长能够长期稳定地持续下去而不出现停滞，就必须找到一种能够为物质资本边际收益递减的特殊因素。为此，新古典经济增长理论把这个特殊因素归为外生的技术进步，而新经济增长理论把这个特殊因素归为知识的积累和进步。知识的积累和进步使得物质资本边际收益下降的趋势得到遏制，从而保证了对投资长期的利益刺激。正是在这个意义上，新经济增长理论认为，知识是经济增长的关键。现代经济比以往任何时候都更加依赖于知识。据经济合作与发展组织(1997)的研究，经合组织国家的有形投资正越来越多地向信息和通信技术等高技术部门倾斜，经合组织主要成员国的国内生产总值中有50%以上是以知识为基础的，这表明人类历史上一个全新的“知识经济”的到来。但是，知识不是什么“天赐之物”，是内生的，是人们进行研究与开发活动、接受正规教育、开展在生产实践中干中学等不同形式的人力资本投资的结果。新经济增长理论实际上就是各种不同知识积累途径的模型化。其次，人力资本把知识真正转化成生产力。离开了人力资本，再好的知识，再先进的技术，都不会对生产产生任何影响。事实上，一流的设备，在发展中国家只能生产出二流的产品，从反面证明了人力资本对知识使用的影响。第二，经济增长离不开政府有效的干预。知识在消费中具有非竞争性和部分非排他性，一个人拥有知识并不妨碍另一个人拥有同样的知识。知识在消费上所具有的特点，使得知识积累的私人收益如果在没有政府的干预，而仅靠市场提供的激励的情况下将低于社会收益，从而使市场所实现的动态均衡就不可能是帕累托最优。因此，任何旨在减少知识积累私人收益和社会收益不一致的政策，都会加速知识的积累，促进经济的增长。

(二)智力资本理论发展的先驱：新经济增长理论

新经济增长理论主要探讨了后工业经济时期中最重要的生产要素——知识，并着重分析了人力资本积累、技术创新、知识溢出等对经济增长的影响，这就形成了“知识经济”的理论基础。该理论对知识积累和知识特征推动经济增长的说明，可帮助人们更加清楚地认识知识、技术在现代经济中的重要作用。正是因为人力资本在知识的生产和使用中所发挥的决定性作用，所以才说人力资本是经济增长的源泉。经济增长的源泉是人力资本已被清清楚楚写在新经济增长理论中的均衡经济增长率的函数关系上。事实上，人力资本相对于知识和资本对一个国家来讲具有更加重要的意义。这是因为，从生产要素的构成上来看，一国物质资本的匮乏可以通过向其他国家和国际型金融机构直接贷款或在国际资本市场融资而得到缓解；一国知识的匮乏同样可以通过向其他国家学习或从其他国家引进而得到缓解。知识是非竞争的，一个厂商应用它并不影响其他厂商也应用它。因此，如果相关知识是公开得到的，发展中国家就可以通过要求其工人或管理人员阅读相关的文献而获得它；如果知识受到专利的保护，那么发展中国家就可以制定一些尊重外商产权的可信方案，使拥有专利发达国家的厂商在该国开设工厂，雇佣其廉价的劳动力，这样发展中国家同样也就获得了知识。但是人力资本与其载体不可分的特性，使得人力资本的跨国流动受到经济、社会、文化等方面的限制，这意味着一国人力资本的缺乏靠国际间的人力资本借贷不足以得到有效解决。从这个意义上讲，发展中国家之所以落后，并不在于知识的缺乏，而是缺少能够有效使用知识，把知识迅速转化为生产力的人力资本。

新经济增长理论发现了知识和人力资本是现代经济增长的决定性因素和新源泉，这一发现丰富了人力资本理论的内容，为人力资本理论的发展打下了良好基础，而人力资本理论的核心即为智力资本。因而，新经济增长理论把知识作为知识经济时期经济增长的新动力，为智力资本的发展奠定了基础。

第二节　智力资本各构成要素的相关理论基础

一、人力资本理论

（一）人力资本理论的主要内容

现代人力资本理论兴起于20世纪五六十年代，但人力资本理论的倡导者认为，在几百年前，经济学史上的许多著名经济学家都曾论及过人的经济价值问题，那是人力资本思想的源头。

人力资本的思想最早萌芽于1676年英国古典政治经济学创始人威廉·配第（William Petty），在其代表作《政治算术》中提出的“土地是财富之母，劳动是财富之父”的著名论断，事实上已包含着人力资本思想的萌芽。同时，他在分析生产要素创造劳动价值的过程中，曾把人的“技艺”列为除了土地、物力资本和劳动以外的第四个特别重要的要素。配第认为，由于人口素质的差异，他们所提供的生产力也是不同的。一个技艺高超的人，可以同许多人相抗衡，并能提供更多的产品。显然，配第在这里把人尤其是有技艺的人看作可以创造更多财富的要素。

西方经济学的鼻祖亚当·斯密（Adam Smith）在其1776年出版的《国民财富的性质和原因的研究》一书中，把资本划分为固定资本和流动资本。在他所讲的固定资本中除了我们通常所理解的固定资本之外，还包含着“社会上一切人民学到的有用才能”。亚当·斯密指出：“学习一种才能，须受教育，须进学校，须做学徒，所费不少。这样费去的资本，好像已经实现并且固定在学习者的身上。这些才能，对于他个人自然是财产的一部分，对于他所属的社会，也是财产的一部分。工人增进的熟练程度，可和便利劳动、节省劳动的机器和工具同样看作是社会上的固定资本。学习的时候，固然要花费一笔费用，但这种费用，可以得到偿还，赚取利润。”在此，亚当·斯密把人们通过学习获得的知识当作一种固定资本，当作一种能够得到回报的投入。继亚当·斯密之后，约翰·穆勒(Mill John)在其《政治经济学原理》中也指出，“技能与知识都是对劳动生产率产生重要影响的因素”，他强调人的能力应当同工具、机器一样被视为国民财富的一部分，并且强调了教育支出的重要性。19世纪40年代德国经济学家弗里德里希·李斯特(Friedrich List)在《政治经济学的国民体系》一书中，区分了“物质资本”与“精神资本”这两个概念，并强调教育、科学对经济发展的促进作用。李斯特的精神资本的概念与后来一些经济学家所阐释的人力资本的概念比较接近。

自20世纪60年代人力资本理论建立以来，在经济发展史上第一次将资本的概念从物力资本扩展到人力资本。人力资本(Human Capital)指存在于人体之中，是后天获得的具有经济价值的知识与技能的能力和健康等质量因素之和，对组织具有重大价值。人力资本作为劳动者赖以获取分配报酬的专业技能与知识，是通过对人力资源的开发性投资形成的、能够为企业带来财富增值的资本形式。著名的古典经济学家亚当·斯密早在1776年的名著《国富论》中指出，人力资本是通过学习获得的、需要付出现实的成本。因而，人力资本可看作是员工固有的、已经实现了的资本。20世纪以后，有关人力资本问题的研究取得了新进展。人力资本的概念也第一次由美国经济学家欧文·费雪(Irving Fisher)在其1906年出版的《资本的性质和收入》一书中正式提出。然而，经典正统的西方经济学没有把人力资源当作一种真正的资本。

冯·杜能(Thunen)、欧文·费雪(Iring Fisher)和亚当·斯密一起被舒尔茨称为在少数把人视为资本的人们当中的“三位杰出的人物”。杜能认为，在同样的生产条件下，受过高等教育的人创造的收入更多，同时认为将资本概念应用于人不会贬低人格，也不会损害人的自由和尊严，相反，在战争中若不用这个概念则是极其有害的：为了一门大炮，会不加思索地牺牲100个年富力强的人的生命，因为“购买一门大炮要花费公共资金，而只须颁布一项征兵法令，就会无偿地得到人”。欧文·费雪则试图提出一个完整性的资本概念，他将资本定义为能够产生一个收入流的任何资产。

美国芝加哥大学的西奥多·舒尔茨(Theodore W. Schultz)在该理论上最具代表性，他的一系列研究成果为现代人力资本理论奠定了基础，特别是1960出版的《人力资本投资》，从微观层面陈述和界定了人力资本。由于舒尔茨在人力资本研究领域作出了重大贡献，因而被称为“人力资本理论之父”，也因此于1979年获得了诺贝尔经济学奖，他主张的人力资本理论有如下主要观点：①资本包括两类，即以产品为载体的物质资本和以人为载体的人力资本，人力资本除了表现为人所拥有的技能、经验、知识和工作熟练程度，还包括能力、体力和智力等素质总和。②就投资收益率指标而言，以人的质量、数量和劳动时间为衡量指标的人力资本的相应指标要超过物质资本。

雅各布·明塞尔(Jacob Mincer)在1958年发表了《人力资本投资与个人收入分配》一文，首次建立了个人收入分析与其接受培训量之间关系的经济数学模型。之后，在他的另一篇论文《在职培训：成本、收益与某些含义》中，根据对劳动者个人收益率差别的研究，估算出美国对在职培训的投资总量和在这种投资上获得的私人收益率。

舒尔茨之后，美国学者爱德华·F. 丹尼森(Edward Fulton Denison)对人力资本理论的贡献在于对人力资本要素作用的计量分析，丹尼森运用计量方法证明了人力资本对经济增长的促进作用。在计算劳动和资本对国民收入增长所起的作用时，产生了未被认识的“残值”，传统经济分析方法无法用劳动或资本投入来解释，针对这个问题，丹尼森作出了令人信服的分析。最具有代表性的研究成果就是以精细准确的分解计算，论证出自1929年至1957年间美国的经济增长，有23%归功于教育的投入和发展，亦即人力资本的投资积累。他的分析表明，教育水平的提高使劳动力的平均能力提高了0.9%，使国民收入增长率提高了0.67%。丹尼森的研究成果为舒尔茨的理论体系提供了有力的证据支撑，并为世界各国所借鉴，从20世纪60年代开始全球各国教育经费猛增，这一过程超过了十年。

加里·贝克尔(Gary S. Becker)是1992年的诺贝尔经济学奖获得者。在其著作《人力资本》中，经过总结并提出了较为系统的人力资本理论框架，进一步发展了人力资本的理论体系，使之更加系统完整。西方人力资本理论的产生和发展，重新回归了人在生产中具有的决定性作用。人力资本相关理论再次证明了人特别是高层次的、具有专业知识和专业技能的人，是促进经济增长、推动经济发展的动力。上述人力资本相关理论全面客观地分析总结了人力资本的含义、人力资本的特点、人力资本形成的途径以及人力资本所产生的"知识效应"，并把人的知识和技能消费理解为一种投资。

人力资本理论为理解战略人力资源管理与组织绩效关系提供了一种理解框架，该理论强调通过投资员工的人力资本来提升组织生产率。基于人力资本理论，研究者们将人力资本看成战略人力资源管理和组织绩效的中介变量，企业人力资源管理实践能够提高员工身上所蕴含的知识技能和能力，从而提高组织的人力资本含量。当员工所具有的人力资本能够对顾客产生价值时，便成为企业获取竞争优势的来源。实证研究中，往往将每一项人力资本投资活动所产生的影响叠加为一个整体变量，来衡量其对企业绩效的影响，分析组织绩效中有多少能够为某一项人力资本投资活动作出解释。

（二）员工拥有的知识：人力资本理论与智力资本理论的连接点

舒尔茨、贝克尔、明塞尔、丹尼森等人在人力资本的基础理论的研究方面比较系统全面，为这一理论的进一步发展奠定了基础。西方人力资本理论尽管还存在很多难以克服的缺陷，但它的提出，使人在物质生产中的决定性作用得到复归。人力资本理论重新证明了人，特别是具有专业知识和技术的高质量的人是推动经济增长和经济发展的真正动力。这一时期人力资本理论特点在于全面分析了人力资本的含义、人力资本的形成途径及人力资本的“知识效应”。同时，该理论把消费真正纳入了生产过程，把人的消费视为一种重要的投资。这一理论也带来了资本理论、增长理论和收入分配理论的新变化。

如前分析可知，人力资本是指员工个人所拥有的知识、价值观以及表现出来的个体能力，是个体意义上的智力资本。个体的智力资本是企业智力资本的重要基础，代表组织解决问题的个人能力，其中一般员工的智力资本包括工人的知识、技能、诀窍和单独发展的客户关系，一般管理者智力资本包括管理者的管理知识和才能、计量和监控能力，企业家人力资本则是企业家所特有的创新精神和竞争意识等。

通过系统的论证，人力资本理论认为人拥有的知识能力已经成为经济增长的源泉。这不仅比之前的理论更进一步，由于它开辟了新的经济研究领域使得在当代经济理论中、在众多经济流派中占有重要地位。人力资本已超越了物质资本成为最主要的生产要素。正如贝克尔所讲，西方发达国家资本的四分之三是人力资本，而不再是实物资本。人力资本逐步成为人类经济进步、财富增长的重要源泉。其中最突出的一条是：知识劳动者的生产力正成为主导生产力，知识也正成为主要的生产要素。

人力资本理论明确人的质量与所作贡献的关系，并指出高质量的劳动者可以获得较高的劳动生产率，进而对生产的贡献也比较大。因此，提高人的质量可以促进经济增长。知识，特别是智力一直是人力资本理论所研究的重点，也是财富的源泉。知识就是力量，知识转化成生产力，认识知识的载体，人力资本相对稀缺，企业纷纷抢夺人才。因此，在知识经济的研究领域内，对知识的研究需要引入智力这一概念，由此便提出了智力资本，同时也解释了知识经济的发展动力问题。智力资本也因此成为知识经济时代的企业竞争焦点。从图 2-3 中可以看出知识作为人力资本与智力资本的连接点，在理论上起到承接作用。

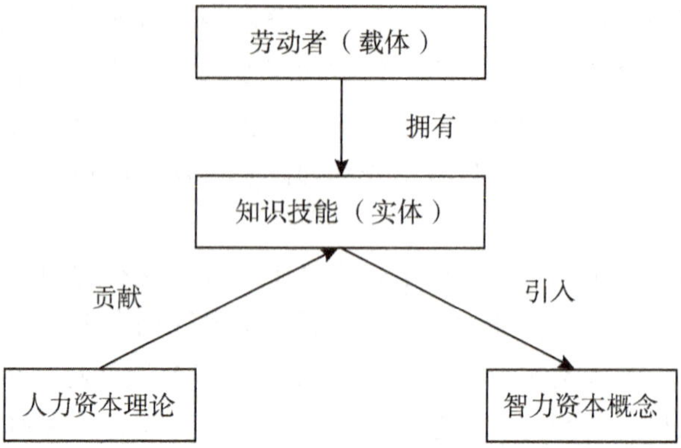

图 2-3　人力资本与智力资本连接点图

二、组织资本理论

(一)组织资本理论的主要内容

组织资本概念的提出与人力资本在历史上有着相似之处。如表 2-1 所示。

表 2-1　　组织资本和人力资本理论研究溯源

	1960 年前	1960—1980 年	1980—1990 年	1990 年后
人力资本理论的发展	思想的萌芽阶段：亚当·斯密、马歇尔(1890)、李斯特(1840)、沃尔什(1935)	以劳动力要素分析为中心的一般人力资本理论：舒尔茨、贝克尔、阿罗(1962)	以构建技术内生化增长模型为中心的人力资本理论：卢卡斯、罗默尔(1986)	智力资本下发展的新思路：加尔布雷恩、埃德文森、沙利文、斯图尔特和斯维比
组织资本理论发展	思想的萌芽：Knight(1921，1967)、Rosen（1972）、Mrshall（1961）、Kuznets(1965)等		组织资本概念的正式提出和多样化发展	

资料来源：作者根据相关文献整理所得。

伴随着知识经济的到来，越来越多的学者研究发现，企业成功与否不仅和企业拥有的人力资本有关，还和组织资本有关。组织资本是另一种存在于组织层面的资本。组织资本理论起源于 20 世纪初期。Knight，Coase，Leibnestein 等学者关于现代企业理论、交易费用经济学的研究为组织资本概念和理论的形成奠定了理论基础。纵观组织资本理论的发展，经历了两个阶段，20 世纪 80 年代以前，主要代表人物有 Marshall、Knight 等。20 世纪 80 年代开始至今，主要代表人物有 Prescott 和 Visscher、Tomer、Atkeson 和 Kehoe 等。

1. 早期的组织资本理论

组织资本的经济学起源于马歇尔，他把组织作为第四生产要素引入经济学理论。Marshall（1961）认为“资本在相当大的程度上存在于知识和组织中”，并把企业组织归入非物质的财富，应当在生产要素中增加企业组织。马歇尔把组织作为继人力资本之后的第四生产要素引入经济学理论是组织资本的经济学起源。

Knight（1921）认识到提高生产力有很多投资选择，他把改善组织看作同增加新的设备是效果相同的选择。Knight（1967）进一步研究指出，有组织的努力使社会组织能够比个体单位生产出更多满足需要的产品。从理论上分析，企业组织的存在能有效地约束机会主义行为，增强应变能力，而且资产的高度专用性要求持续的契约关系和更高的应变能力，这些只有在“企业体制”下组织才能做到。

Rosen（1972）指出企业存在两种组织经验：一是存在于组织和维持复杂生产过程的企业家才能或管理才能之中的管理经验，这种管理经验又分为一般管理经验与行业专属管理组织经验；二是组织经验存在于非管理性质的劳动投入要素领域，即生产工人技术水平通过对经验的学习而提高，这就是技术性质的组织经验。

Alehinan and Demsetz（1972）指出企业可以形成一种有效的团队生产环境，解决员工的偷懒问题。组织的优势在于团队生产带来的多项投入在一起合作生产的产出大于各项投入分别生产的产出之和的利益。一些学者则从实践中观察发现许多企业存在着组织优势。

2. 现代组织资本理论

从20世纪80年代开始，西方学者开始比较系统地研究企业组织资本理论。他们从人力资本、知识资本、智力资本等角度进行研究，取得了一定的成就。这些研究成果丰富了组织理论。随着科技进步和市场发展的进一步完善，企业所面临的内外生存环境比以往任何时候都具有高度不确定性，竞争压力越来越大，这就使得企业必须寻求发展的出路，优化资源配置，形成企业独特的竞争优势，从而战胜对手，获得最大利润。笔者归纳了现有研究角度和主要代表人物，见表2-2。

表2-2 **不同研究角度的主要代表人物**

研究角度	主要代表人物
人力资本	Prescott 和 Visscher Tomer①
知识资本	Evenson 和 Westphal Lev 和 Radhakrishnan
智力资本	Stewart Edvisson 和 Sullivan
组织层面	Atkeson 和 Kehoe

资料来源：作者根据相关文献整理所得。

从人力资本角度研究企业组织资本，将企业员工所拥有的信息作为其特有的人力资本，以此来研究组织资本。Prescott 和 Visscher (1980)最早从信息角度研究组织资本。认为组织资本是一种信息资产，并且能够有效地协调组织所承担的任务，是人力资本的一种形式，他认为厂商所拥有的员工个人信息、群体信息和其特有的人力资本就是组织资本。厂商特有的人力资本是指员工所具有的某一种一定要在该企业才能发挥出来的技能。鲍·埃里克森和杰斯珀·米克尔森在《企业竞争优势与核心能力理论》一文中，提出的组织资本概念与 Prescott 和 Visscher 提出的概念相类似，他们作了进一步的解释，认为组织是一种信息，而这种信息能够协调企业生产经

① Tomer P. M. Endogenous Technological Change [J]. Journal of Political Economy, 1990, 98(10): 71-102.

营活动。他们所认为的组织信息在本质上是组织所拥有的知识、技能和经验，不仅信息本身是知识，而且获得信息的手段和方法也是知识。Nelson 和 Winter(1982) 认为信息是组织记忆的媒体，组织记忆的存在是由于信息沟通而产生，并通过组织学习使其固化为组织规章制度。组织资本是在企业生产经营成果及产品或服务中的信息、文化、制度、知识和经验等的集中体现。以 Tomer 和 Prescott and Visseher(1980)为代表的学者认为组织资本作为人力资本的一部分，是体现在员工身上的。这种观点认为组织资本理论是人力资本理论的延伸，组织资本则是人力资本的一种形式。他把组织资本定义为信息资产，指出组织资本包含企业拥有员工的个人信息、群体信息和其特有的人力资本。到目前为止，Tomer 是西方第一位系统研究企业组织资本理论的学者。Tomer(1987) 认为组织资本是一种体现在组织关系、组织成员以及组织信息的汇集上，具有改善组织功能属性的人力资本，但是，组织资本并不简单的是组织内个体人力资本之和，而是一种根植于组织关系之中，由企业投资于各种正式和非正式关系所形成的资本形式，也可以被看作是一种内部关系资本。Tomer 在分析了组织资本概念之后，提出了组织资本理论体系，包括组织资本对经济增长的贡献、组织资本与厂商行为和生产力的关系，还解释了它在经济增长中的作用。他认为投资于组织资本是为了生产力的持续改进或者通过改变组织机能来促进绩效。

与前述把组织资本视为人力资本的部分观点不同，部分学者从知识资本的角度定义了人力资本。从知识资本的角度来研究组织资本，Evenson 和 Wes-tphal(1995)提出组织资本是指知识结合员工技能和物质资本，以制造和交付所需要和满意产品的专门知识①。Lev 和 Radhakrishnan(2003)认为组织资本是技术、商业实践、过程、设计的结合体，主要包括特定的商业流程和设计激励系统以及薪酬系统，组织资本能使企业持续地从给定资源中以更高质量的产

① Evenson R. E, Westphal L. E. Technological Changed and Technological Strategy [G]. In Handbook of Development Economics, Amsterdma, North-Hollnad, 1995, 3(A): 2209-2299.

品和更低的成本，来获得更多的收益。并进一步把组织资本分为三类：运营能力方面(如产品设计系统、生产管理和工程等)、投资能力方面(如新项目选择机制、员工培训)、创新能力方面(R & D增强能力)。组织资本包括运营能力、投资能力、创新能力三个方面。同时，Lev and Radhakri Shnan(2003)研究发现，许多行业内部可观测到这样一种现象：一些企业的表现系统性地超越了其他同类企业，表现出持续性的销售增长、收入增加和市场价值提高。这种超常绩效不是源于自然垄断或者竞争限制政策，而是来自于企业有效组织的结果，而这部分组织的效应反映在企业绩效方差中未得到解释的部分。在 Aikeson and Kehoe(2002)的模型中，组织资本积累在工厂层面上进行。每个工厂的特定生产力和存在年限不同，这种不同的特征组合构成了工厂的组织资本。一个工厂的特定生产力依赖于工厂技术的成熟性和它关于如何利用技术构建知识的能力。当新工厂建立起来时，他们计划具有最好的或者最前沿的技术，但是他们没有构建知识。当工厂运作了一定时间后，特定生产力的增长依赖于其年限，存在一定的随机性。工厂的特定生产力的增加来自一个随机学习过程①。组织资本理论的倡导者之一 Tomer 认为，如果企业投入资源用于改善其组织特性，就有可能使同等量的投入产生更大的产出。这种投入被 Tomer 称为组织资本。

从智力资本角度来研究组织资本。在智力资本概念提出之前，组织资本的外延范围比较广，可以认为所有组织的资本(一般是指非财务资本)都是组织资本，但是当 Galbrainth (1991)正式提出智力资本概念以后，组织资本便看作了智力资本的一部分，它的概念也就相对明确，外延变小了。Stewart(1997) 认为组织资本是企业的组织结构、制度规范、组织文化等，它是不会随着员工下班回家的知识，即属于整个组织所拥有，可以复制也可以分享。Edvinsson 和 Sullivan(1999) 认为组织资本是指不依附于企业人力资本而存在的其他所有资本，代表了企业各种要素投入转化为最终价值的能

① 刘勇．中国保险行业战略人力资源结构优化研究［D］．武汉：武汉理工大学，2005．

力，这种能力是企业所拥有的，即使组织成员离开，仍然留存于组织中的无形资产。

从组织层面来研究组织资本。Atkeson 和 Kehoe(2002)认为组织资本是在组织自身中体现出来的，随同产出一起生产的企业特有的资本，即是产出的副产品，其实质是知识。在模型中，组织资本积累在工厂层面进行。每个工厂的特定生产力和存在年限各不相同，这种不同的特征组合就是工厂的组织资本。一个工厂的特定生产力依赖于工厂技术的成熟性和它关于如何利用技术的构建知识的存量。当新工厂建立起来时，投资人计划会有最好的或者最前沿的技术，但是他们却忽略了构建知识。当工厂运作了一定时间后，特定生产力的增长依赖于其年限，存在一定的随机性，工厂的特定生产力的增加来自一个随机的学习过程。

（二）智力资本向组织资本的转化

根据学术界通用的理解，作为智力资本元素之一的人力资本是凝聚在“载体”上的知识、技能和健康状况等。其“载体”主要是指知识工作者。Drucker(1992)就曾经指出“知识工作者这个群体的兴起用飞快的速度取代了历史上传统的劳动力群体”，知识工作者成为知识经济中的主要劳动者。按照转化特征的不同，对人力资本的界定如表 2-3。

表 2-3　**知识的分类列表**

<table>
<tr><td>Polanyi(1966)</td><td colspan="2">显性知识</td><td colspan="4">隐性知识</td></tr>
<tr><td>Fred Niekols(1994)</td><td colspan="2">显性知识</td><td colspan="2">暗含知识</td><td colspan="2">缄默知识</td></tr>
<tr><td>汪丁丁(1996)</td><td colspan="2">可以交流并且在经济上适用于交流的知识</td><td colspan="2">可以交流但在经济上不适合交流的知识</td><td colspan="2">不可交流的知识</td></tr>
<tr><td>OECD(1996)</td><td>Know-what</td><td colspan="2">Know-who</td><td colspan="2">Know-how</td><td>Know-why</td></tr>
</table>

资料来源：作者根据相关文献整理所得。

不同人力资本的组成部分向组织资本转化的途径和机理不同，个体拥有的数据、信息和显性知识主要是通过文档化的形式来转化为组织资本的，而隐性知识和技能、心智模式等却首先需要通过一些指针、地图式的工具来明确其所在，然后通过社区、网络、标准化、制度化和学习来逐步使之外显和社会化，摆脱个体依附性，从而形成组织资本。

作为智力资本元素的人力资本向组织资本转化的过程中需要一些管理要素，这些要素是组织的管理者或多或少可以控制和把握的，是影响智力资本向组织资本转化效果的组织运行机制因素。这些因素有：激励、信息技术、文档管理、社区网络、组织学习、技能分析、培训制度、制度化建设等。

另外，虽然组织资本理论发展至今仍处于萌芽阶段，且在许多领域未形成一致结论，但从上述的分析同时可以发现，组织资本概念显然与智力资本构成要素中的结构资本内涵极为相似，可以说组织资本概念是结构资本的核心概念来源，其理论对研究智力资本有一定的借鉴意义。

三、社会资本理论

（一）社会资本理论的主要内容

20世纪60年代，以舒尔茨、贝尔舒为代表的经济学家在新资本理论中首次引入了人力资本的有关内容。人力资本理论主张，资本不仅可以以金融和实物的形式出现，也可以在个体劳动者中存在。随着研究的进一步深入，学者们逐渐发现在研究人力资本的同时，缺少针对群体的人力资本研究。为解决这一问题，20世纪80年代，社会科学领域首次界定并使用了社会资本的概念。之后数年，社会资本理论取得了巨大发展，且被广泛应用于经济学、社会学以及政治学等多个领域，极大地推动了整个社会科学的发展。汉尼芬（Hanifan，1916，1920）最早独立使用“社会资本”这个词汇，用它来说明社会交往对教育和群居社会的重要性。20世纪80年代，法国社会学家布迪厄（Bourdieu）在《社会学研究》中首次对社会资本进行界定并提出社会资本是实际的或潜在的资源集合体，并与社会关系网络相联系。作为首个把社会关系网络资本和社会资本结合起来的社会学家，布迪厄从社会学的框架下对社会资本进行了界定，并把资本分为经济资本、文化资本和社会资本。3 年后，美国社会学家詹姆斯·科尔曼(James Coleman)的论文《作为人力资本发展条件的社会资本》发表在《美国社会学学刊》杂志上，该文首次完整地使用了社会资本概念。在解释人的行为时，他认为已有的金融资本、人力资本不能很好地解释人的行为，因此把社会资本概念引入进来。他把社会资本定义为“个人拥有的社会结构资源”。同时，詹姆斯·科尔曼还阐述了人力资本与社会资本的关系，主张人力资本一旦离开社会资本，将难以实现资本的积累。詹姆斯·科尔曼(1988)认为社会资本以“权威关系”、“信息网络”、“义务与期望”、“规范与有效惩罚”、“多功能社会组织和有意创建的社会组织”五种形式存在。詹姆斯·科尔曼最后提出了社会资本具有的两个性质：不可转让性和公共物品性质①。

普特南(Putnam)把社会资本定义为“社会资本是生产性的，像信任、规范和网络等和其他资本一样的，使得某种无它就不可能实现目的的实现成为可能”。其代表作《使民主运转起来》提出社会信任是社会资本的最关键因素，并指出社会资本逐渐被认为是全世界经济发展的关键因素。

关于社会资本的定义，从不同角度，学者们给出了不同的定义。皮埃尔·布迪厄强调，社会资本是潜在资源或实际的集合体，并与某种持久性的网络占有有着密不可分的关系，这一网络也是大家都熟悉，并得到公认的。詹姆斯·科尔曼是根据社会资本的功能进行定义的，他同其他形式的资本一样，社会资本是生产性的，社会资本拥有的程度，决定着人们实现既定目标的程度。而罗伯特·D. 普特南关对社会资本的定义则包含了信任、规范和网络，故其在政治上使用的比较多。综上所述，可以发现他们都对社会网络进行了着重强调，大多数认为社会资本都与特定的社会关系网络是密不可分的；也有多数学者认为，社会资本是能给企业带来某种回报

---

① 曹晓漪. 我国寿险资金投资收益问题研究［D］. 成都：西南财经大学，2010.

的一种资源①。同时，大部分学者也认为社会资本是一种资源的集合体。

社会资本理论作为一门新的社会科学理论，在很多方面并未达到完全一致。社会资本作为异质性资源大家庭中的一员，在社会科学领域逐渐扮演着越来越重要的角色，是继人力资本之后的又一资本形态，且这种资本是基础，其社会关系声誉、信任、网络等也具有生产性，能带来回报，离开了社会资本的积累，人力资本的积累就无从实现，进行的投入也无法得到回报，它突破了原有的包含物质资本和人类资本在内的资本框架。

（二）智力资本的来源之一：社会资本

从社会资本的定义可以看出，社会资本是个人或社会单元从拥有的关系网络中获得的现实或潜在的资源。Bourdieu（1986），Burt（1992）认为社会资本包括网络和在网络中流动的资产。因此，社会资本不可避免地与社会关系、关系资本联系在一起，正如 Nahapiet and Ghoshal（1998）所说，社会资本的理论核心是关系网络，而关系网络已经成为社会事务行为中的有价值的资源。社会资本是智力资本形成和发展的源泉②。

在智力资本研究中，作为智力资本构成要素之一的关系资本被许多学者研究关注，学者们在对其分析中都提到关系资本的理论根源是社会资本，正如 Reinhardt，Bornemann，Pawlowsky，Schneider（2001）研究指出：社会资本是智力资本的来源之一。Nahapiet 和 Ghoshal 在 1998 年发表的经典论文中提出社会资本通过交换和合并知识来创造智力资本并提供了使得智力资本最大化的机制，而且企业在创造社会资本方面要优于市场。Lang（2004）在研究中指出，社会资本对知识和智力资本的整合有着正向显著的影响。有些学者则对社会资本影响智力资本产生的前提条件或影响智力资本的要素

① Marr B.，Gray D.，Neely A. Why do Firms Measures Their Intellectual Capital［J］. Journal of Intellectual Capital，2003，4（4）：441-464.

② Nahapiet，Ghoshal. Social Capital，Intellectual Capital and the Organizational Advantage［J］. Acadamy of Mfanagement Review，1998，23（2）：242-266.

等方面展开研究。Johannessen 等学者发现资源交换有四个前提条件：机会、价值期望、基于个人期望的动机、交换能力。社会资本对这几个条件产生较大的影响。Adler 和 Kwon(2002)的研究表明，社会资本使企业有更多机会接近广泛的信息资源。企业的能力主要在于通过组织学习的过程将新知识跨部门进行复制与整合，而这样的学习过程通过部门间知识分享的社会结构来完成。Dyer and Nobeoka(2000)认为，社会资本关系维度中的信任可加速知识转移双方的知识分享意愿以及信息交流的透明化，进而提高知识转移效率。Kogur and Zander(1996)认为，社会资本认知维度中的认知使组织在共同意愿的环境下转移知识，因而能促进隐性知识的转移、知识转移双方的知识分享意愿以及知识接受者的吸收能力。Grant (1996)指出，社会资本是知识整合背后的重要机制。Ordonez de Pablos(2003)把关系资本的概念扩展至顾客资本，其中包括了价值链的所有方面。这个更加广泛的概念不仅包含了顾客关系的价值，还有股东关系价值、政府关系价值、战略合作者关系价值等①。Bontis(1998②，1999③)和 Choo and Bnosit(2002)也指出关系资本包含①外部合作者关系：顾客、供应商和竞争者关系；②联盟合作者关系、研究机构关系；③市场渠道知识等。上述对社会资本的研究综述可知，社会资本研究是智力资本要素之一的关系资本的理论基础，社会资本对智力资本的形成和发展起到很大的促进作用。其研究结果给智力资本的理论研究提供了一定的启示，进而对关系资本和智力资本的研究产生了一定的借鉴意义。

---

① Ordonez de Pablos P. "Guanxi" and Relational Capital: Eastern and Western Approaches to Manage Strategic Intangible Resources [EB/OL]. http://www.iacmr.orgr03-065.pdf.

② Bontis N. Intellectual Capital: An Exploratory Study that Develops Measures and Models [J]. Management Decision, 1998, 3(2): 63-76.

③ Bontis N. Managing Organizational Knowledge by Diagnosing Intellectual Capaital: Forming and Advancing the State of the Field [J]. International Journal of Technology Management, 1999, 18(5/6/7/8): 433-462.

第三节　智力资本对企业绩效的作用机理

企业价值的创造需要自身的优势，这种优势必须具有可持续性，且为这种优势所支付的代价必须低于它能创造的价值，否则，企业就不能实现价值的持续创造。影响企业竞争优势的因素很多，企业所处的行业现状及拥有的资源是其中重要的两个因素。但这还不是解决企业竞争优势的关键，因为行业现状随时可以变化，资源也可以随时流动。与竞争优势外生论不同，资源学派学者认为企业竞争优势来源于企业所拥有和能够支配的资源。实际上，合理的配置和利用资源能力才是制约企业竞争优势的因素。这种能力使得企业之间因延伸性、创造性和差异性不同，从而导致企业的核心竞争优势的差异。所以，当今社会，智力资本才是企业竞争优势的真正来源。通过智力资本的投入，可以使企业的销售收入不断增长。从另一方面讲，智力资本还可以降低经营成本。由于企业的雇佣形式不同，智力资本的获取可以通过以下两种途径获得：内部挖掘和市场获取。两者各有特点，内部挖掘可以提高经营效率，改进生产工艺等，从而降低企业的经营成本；而市场获取，由于企业支付的是雇佣费用，不能获得剩余价值的索取权，因而经营成本更低，且企业对智力资本的处置更加灵活，从而可以集中更多的财力物力投入其他资源的开发，进而

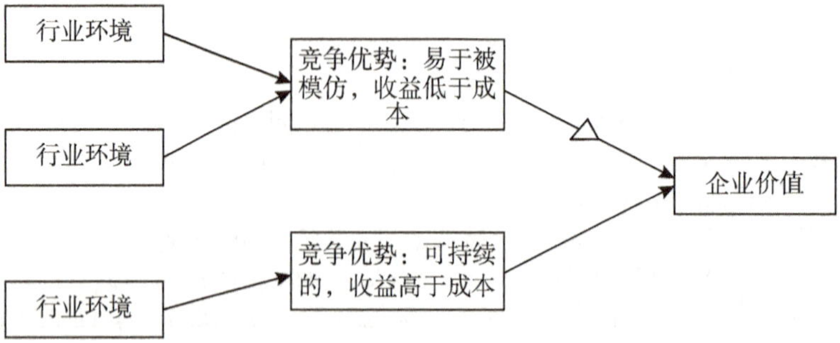

图 2-4　智力资本：企业获取可以创造企业价值的竞争优势来源

发挥出自己的比较优势，获取更多利益。

一、竞争优势创造企业价值的条件

竞争优势不是企业价值增长的充分条件，而是必要条件。只有可持续的竞争优势才能为企业创造价值，而且其回报率比成本高。本书借鉴产品生命周期理论，把竞争优势视为企业成本投入至企业价值获取之间的一座桥梁。对不同生命周期的竞争优势的财务特征整理如表 2-4 所示。

表 2-4　　**生命周期的竞争优势特征**

生命周期	培育、创建期	形成期	消退期
企业投入	投入大量成本，无法获取收益	可以获取收益	竞争优势被模仿，收益降低
财务特征	NPV<0	NPV>0	
		企业能获取超额收益	利润率下降至平均水平

资料来源：作者根据徐海霞(2003)《变革环境下企业竞争优势衰退的原因及对策》文献整理所得①。

由表 2-4 可知，在整个生命周期中，只有形成期的竞争优势可以为企业带来收益，而该时期的长短则决定了企业获得超额利润的多少。企业对竞争优势的投入本身就是一种投资行为，只有当竞争优势的投资收益大于其成本时，竞争优势才算是为企业创造了价值。至于竞争优势的投入多少则由该企业所在的行业和竞争强度决定：行业不同创建竞争优势的成本也就存在差异；竞争优势的强弱与企业的投入息息相关，竞争优势越强，所需资金投入也越大。

在企业形成竞争优势以后，则可通过成本管理、注重差异化发

① 徐海霞．变革环境下企业竞争优势衰退的原因及对策［J］．计划与市场探索，2003，1(7)：29-30.

展或缩短企业的反应时间来增加其价值，而这种价值的增值可通过价格优势或市场份额来实现，最终给企业带来利润。竞争优势对竞争对手、行业环境的反应及对顾客价值的影响决定了竞争优势能为企业带来具体利润。在企业产品或服务的不同属性中，部分属性对顾客的购买行为能够产生直接影响，该种竞争优势能为企业带来较大的利润；在竞争较为激烈的行业中，个别企业的竞争优势通过反复地被模仿，进而形成整个行业的标准，那么，企业从该竞争优势中的获利相对较少。

竞争优势获益期的长短，决定了企业获利的高低，进而影响企业价值的增值程度。与常规投资相同，竞争优势建立的根本目的在于用最小的投入获取最大的收益。所以，企业只有建立强有力的竞争优势才能真正实现企业价值的增值。

二、以智力资本为基础形成的竞争优势的特点

隐藏在企业内部员工的社会知识是智力资本的主要来源，因而智力资本受企业特定文化和作用机制的影响，智力资本作为员工知识的汇集，是按照特定的方式进行排列组合的，最终创造出某种特定的竞争优势。它具有如下特点：

第一，不可复制和不可模仿性。在同一企业中，不同企业的文化环境和作用机制，导致即使企业成员相同，也无法创造完全相同的竞争优势。更不用说不同的企业，个体成员更不可能相同，因而培育和创建的以智力资本为基础的竞争优势就很难被竞争对手模仿。因此，以智力资本为基础的竞争优势，可以帮助企业持续地保持超出同行业平均水平的超额利润。

第二，低投入，高回报。由于员工知识是已有的，企业机制是现存的，当这两种要素作用于员工用拥有的默会知识来创造企业竞争优势时，前两项要素几乎不需任何投入，所以成本低廉；由于竞争优势在企业创造出来后，进行大批量生产，正如软件开发后大批量复制产品一样，几乎不需要再行投入成本。

为了更加清晰地展示智力资本各构成要素与企业价值、企业绩效之间的关系，并清晰明了地显示出智力资本创造企业价值的机理

和途径，本书得出如下智力资本各要素价值模型图，如图 2-5 所示。

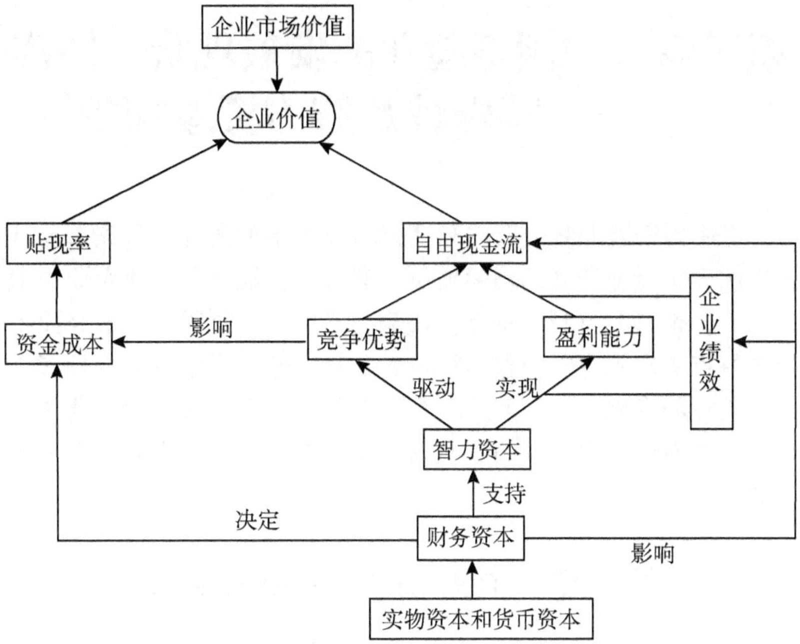

图 2-5　智力资本、企业绩效与企业价值关系图

第三章　中国寿险业的发展现状、经营特殊性及智力资本探析

对中国寿险业智力资本和经营绩效关系的研究，首先需要认清中国寿险行业所处的国际地位。寿险经营既有与一般企业类似的方面，也有其自身的特点。在某种程度上，这种与一般企业不同的特点决定了寿险经营的特殊性和复杂性。本章首先分析了中国寿险业的发展现状，又从三个方面分析了中国寿险业经营的特殊性，进而以智力资本的三元论为基础探析了中国寿险业智力资本的特点。

第一节　中国寿险业的发展现状

依据核心竞争力理论，企业核心竞争力具有的知识性特征，与企业智力资本密不可分，同时也为智力资本识别和分类提供了理论基础。因此，研究中国寿险业的现状就必须从其竞争力开始。中国自 1982 年恢复人身保险业务以来，随着改革开放的深入、国民经济的发展和人民收入水平的提高，中国人身保险市场总体保持着良好的发展势头，经营主体持续增加，业务规模迅速扩大，产品种类不断丰富，经营管理日趋规范。就保险市场而言，一个市场的业务规模、市场结构、业务结构、销售渠道、市场绩效以及宏观政策、政府监管等外部支持环境都会对该行业的竞争力产生或大或小的影响，鉴于资料获取的可能性，本研究从业务规模、市场结构和市场绩效三方面来分析中国寿险业的竞争力。

一、业务规模

(一)保费收入

人身保险自 1982 年中国人民保险公司刚刚恢复开办以来，当年保费收入 159 万元，仅占国内保费总收入的 0. 2%。经过 17 年的发展，人身保险保费全行业收入达到 872. 1 亿元，占保费总收入的 62. 6%。进入 21 世纪以后，人身险行业的保费收入从 2000 年的 1003 亿元增加到 2013 年的 14008，总增长了 13. 96 倍，年均保费收入增长率为 23. 79%。图 3-1 显示了中国寿险公司人身保险及其增速。

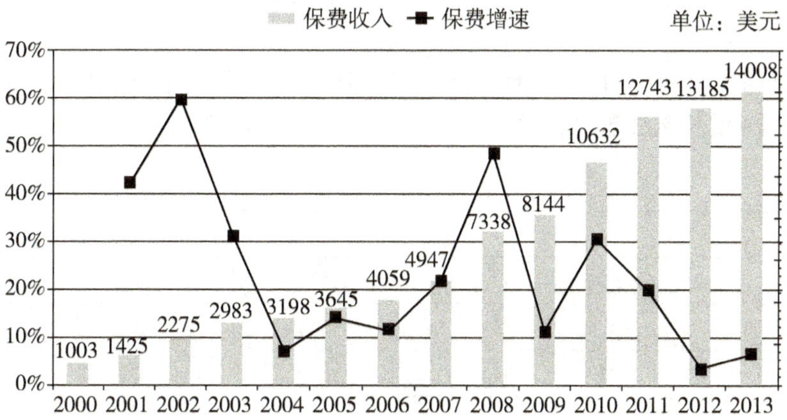

图 3-1　中国寿险业人身保险保费收入与增速图

(二)保险密度

2000 年我国人身险的保险密度仅有 9. 5 美元，随着国民收入水平的不断增长和国民保险意识的增强，人身险的保险密度持续增长，至 2013 年保险密度已经达到 166. 19 美元，较 2000 年增长了约 16. 49 倍，年增速达到了 26. 87%，如图 3-2 所示。

(三)保险深度

我国人身保险的保险深度经历了 2000—2003 年增长阶段、2004—2006 年下降阶段和 2007—2010 年增长三个阶段，期间人身

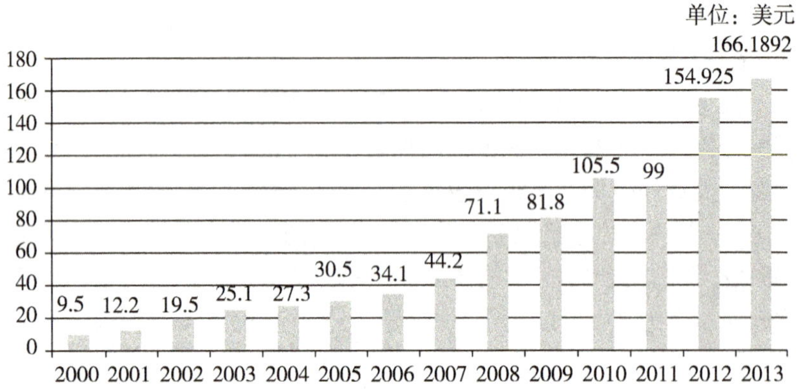

图 3-2　中国寿险业各年保险密度

险深度分别从 1. 12% 增至 2. 30%、从 2. 30% 下降至 1. 73% 和从 1. 73 增长至 2. 50%，总体增长了 2 倍，如图 3-3 所示。

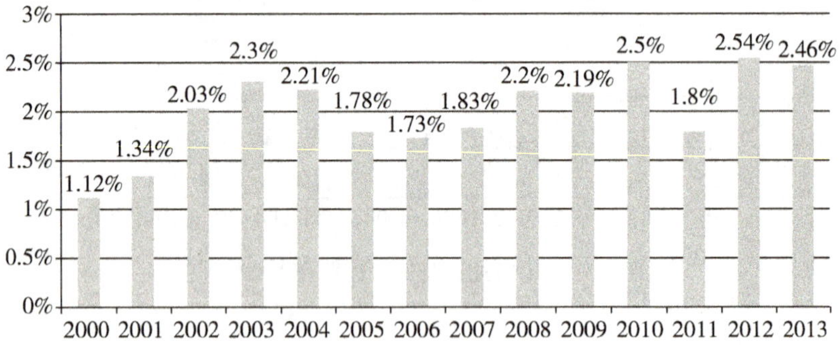

图 3-3　中国寿险业各年保险深度

二、市场结构

一般来说，市场结构影响着人身保险市场的竞争程度。市场结构与人身保险市场的竞争力存在着密切的联系。一般通过市场主体、市场集中度来反映产品的市场结构。

(一)市场主体

我国自1982年起开始恢复保险业务，当时处于中国人民保险公司独家经营状态，该公司开展了比较简单的寿险业务；1988年、1991年平安保险和太平洋保险相继加入，人身险市场形成了三足鼎立的格局。过去二十多年，我国人身保险市场主体不断增多，市场竞争更加激烈。截至2013年年底，我国共有73家人身保险公司，其中67家为人寿保险公司，6家为养老险公司；73家公司中，中资寿险公司有45家，外资寿险公司有28家。近年来，市场主体急剧增加，与2000年仅有12家寿险公司相比，增加了55个寿险经营主体，而且相继成立了专业的养老保险公司和健康保险公司。自我国2001年加入WTO以来，部分外资人寿保险公司也采取股权合作等方式积极参与我国人寿保险经营。

(二)市场集中度

从经营主体数量上看，从2001年到2013年，人身险公司数量由12家增加到73家，市场主体增加速度很快。CR_1从0.6534下降至0.2332，CR_4从0.9742下降至0.4794，HHI从0.4836下降至0.1326。随着经营主体不断增加，市场集中度持续下降，市场竞争不断增强。从CR_4指标看，目前中国人身险市场仍基本属于寡占型市场，一定程度上具有垄断市场的特征。但从HHI指标来看，人身险市场已经达到0.18，这说明我国人身险市场即将进入竞争型市场格局。

按照业务规模进行分组排序，目前市场规模过百亿的寿险公司有12家，市场规模在10—100亿元的寿险公司有32家，市场规模在1—10亿元的寿险公司有18家，市场规模在1亿元以下的寿险公司有6家。

(三)外资(合资)寿险公司市场份额不高

截至2013年年底，外资寿险公司的数量已达28家，主要来自美国、日本、加拿大、英国、韩国、荷兰、德国、法国等经济较为发达的国家和地区。有20家全球规模较大的保险集团通过合资、参股等形式在我国开展人寿保险业务。上述外资寿险公司在我国的保费收入数额不断增加，但相对市场占比不高，2013年市场份额仅为 6.53%，与 2005 年外资寿险公司市场份额峰值的 8.91%相比有较为明显的降低①。

三、市场绩效

国内学者对保险业经营绩效的评价，依据不同的研究视角，设置了不同的评价指标体系，其中以孙蓉、王超(2013)②的最具代表性。本书借鉴该文中的思路，根据本研究的目标，设置了四个指标，其中净资产收益率和承保利润率反映了企业的盈利能力；人均净利润反映了企业的运营效率；资本保值增值率则从发展的角度反映企业的经营绩效。上述四个指标都是企业的正指标，即指标值越大，企业的经营绩效越佳。

(一)中国寿险业盈利能力(净资产收益率、承保利润率)

图 3-4 表示了中国寿险业 2007—2013 年净资产收益率与承保利润率，从图中可以看出，净资产收益率(ROE)在 2008 年受金融

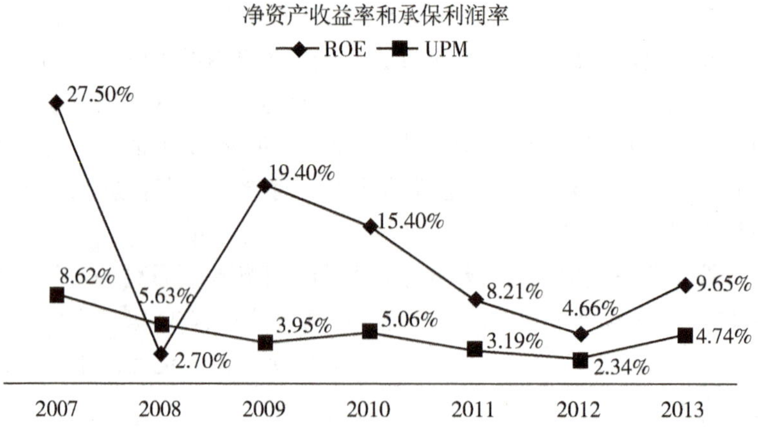

图 3-4　中国寿险业各年盈利能力

① 罗忠敏，王力．中国保险业竞争力报告(2012—2013)——转型的艰难起步［M］．北京：社会科学文献出版社，2013：117-118.

② 孙蓉，王超．我国保险公司经营绩效综合评价［J］．保险研究，2013(1)：49-56.

危机的影响突然下降，之后在 2009 年有所回升，而后又开始回落，至 2013 年又开始小幅度回升；与净资产收益率相比，承保利润率则比较稳定，基本保持在 5%左右。

(二)中国寿险业营运能力(人均净利润)

图 3-5 表示了中国寿险业 2007—2013 年的人均净利润。从图中清晰看出，同样受 2008 年金融危机的影响，2008 年中国寿险行业的人均净利润突然下降，在 2009 年开始回升，之后在一定范围内净资产收益率(ROE)在 2008 年受金融危机的影响突然下降，之后在 2009 年有所回升，而后又开始回落，至 2013 年又开始小幅度回升；与净资产收益率相比，承保利润率则比较稳定，基本保持在 5%左右。

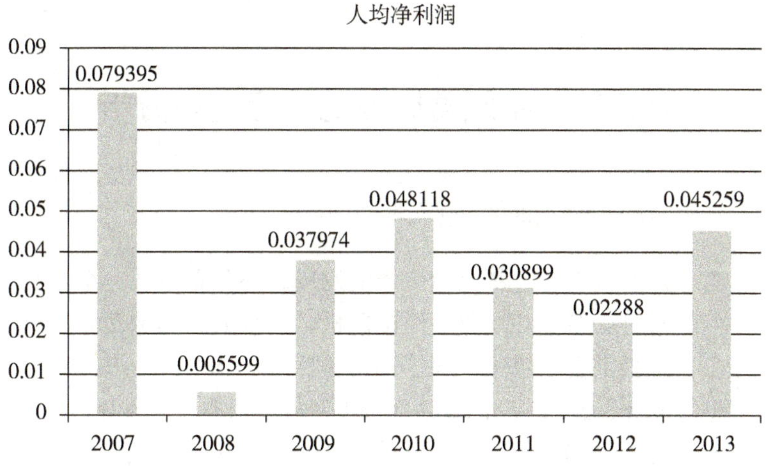

图 3-5　中国寿险业各年营运能力

(三)中国寿险业发展能力

图 3-6 表示了中国寿险业 2007—2013 年的资本保值增值率(资本保值增值率反映了企业的发展能力)，从图中清晰看出，资本保值增值率的变化趋势和人均净利润指标有相同趋势，同样受 2008 年金融危机的影响，2008 年中国寿险行业的资本保值增值率也有所下降，在 2009 年开始回升。

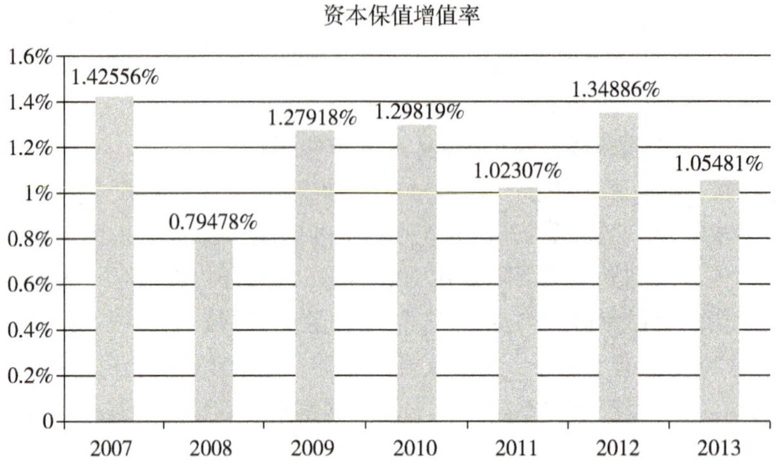

图 3-6　中国寿险业各年盈利能力

第二节　中国寿险业的国际比较分析

一、中国寿险业的国际地位

在过去十多年，世界保险市场的发展趋势分布呈现一个小高潮和一个较大的低谷，寿险业受经济危机影响较大，其保费收入随着世界经济的变化跌宕起伏。根据瑞士再保险公司(Swiss Re)对世界保险业的统计，2011 年全球保费(包括寿险和非寿险)收入 45970 亿美元，其中欧洲市场占 35.9%(2010 年为 37.3%)，北美洲占 28.8%(2010 年为 29.5%)，亚洲市场延续了增长趋势，相比上年上升 1.4 个百分点，达到 28.20%，保持了第三的位置。亚洲保险市场受 2008 年经济危机影响不如欧美显著，而且回升较快，寿险业受危机影响相对较为明显，2008 年的保费跌幅为 5.8%，而非寿险的保费跌幅仅为 0.5%①；亚洲市场上的寿险跌幅为 2.3%，且

① 罗忠敏，王力．中国保险业竞争力报告(2012—2013)——转型的艰难起步［M］. 北京：社会科学文献出版社，2013：101.

2009 年增长率即达 5.6%，2010 年达到 9.0%。

中国人身保险市场的国际地位随着时间的推移有了较大的提高。就保费规模而言，从 2000 年的世界排名第 18 位上升到 2010 年的第 5 位。仅次于美国、日本英国和法国。表 3-1 显示了 1999—2011 年主要国家寿险保险密度、保险深度比较表。

从表中可以看出：与发达国家相比，我国人身保险市场的国际地位有了较大的提高。主要表现如下：(1)我国人身险保险密度不高。中国的保险密度一直保持着增长的势头，入世以来特别是 2006 年以后增长更是明显，2008 年受金融危机的影响，2009 年比 2008 年略微下降，但 2010 年又开始上升。整体来讲，如表中所示，自 1999 年来，我国寿险保险密度基本处于上升趋势，但是与美国相比仍存在很大的差距，与亚洲国家日本、韩国、新加坡相比均差距很远。(2)我国人身险保险深度不够。世界保险深度在 20 世纪 80 年代表现较为明显的上升趋势，自 1993 年以后基本保持在 7%—8%之间，世界寿险水平也呈现出上升态势。从表中可以看出，中国寿险深度几经上下，徘徊在 2%左右，而发达国家和地区多在 4%—8%，甚至达到了两位数。需要特别指出的是我国香港地区和台湾地区人身险深度一直名列世界前茅，这说明中华传统社会文化并不排斥商业人身保险机制。我国内地与这些国家和地区之间存在的差距，意味着我国人身险市场仍然存在着巨大的成长空间。大量的保险市场的经济学实证分析指出，诸如经济增长速度、居民收入水平和消费结构、人口老龄化程度、社会保障水平、通货膨胀率、利率等宏观因素都会影响人身保险市场发展。随着我国经济社会健康发展，经济总量的增加带动现有人身保险产品和服务的市场容量扩大，有利于人身保险涵盖面的拓宽和渗透度的提高，全社会对人身保险的需求也将更加旺盛。

表 3-1　**1999—2011 年主要国家和地区寿险保险密度、保险深度比较**

地区	1999 年		2004 年		2008 年		2009 年		2010 年		2011 年	
	保险密度	保险深度	保险密度	保险深度	保险密度	保险深度	保险密度	保险深度	保险密度	保险深度	保险密度	保险深度
美国	1444.6	4.23	1692.5	4.22	1900.5	4.1	1633	3.52	1631.8	3.5	1716	3.6
加拿大	674.6	3.19	926.1	2.97	1442.7	3.2	1345	3.38	1521.8	3.3	1519	3.0
英国	2502.8	10.3	3190.4	8.92	5582.1	12.8	3512	9.94	3436.3	9.5	3347	8.7
法国	1392.3	5.7	2150.8	6.38	2791.9	6.2	2979.8	7.24	2937.5	7.4	2683	6.2
俄罗斯	9.9	0.78	24.8	0.61	5.4	0	4.5	0.04	6.4	0.0	8	0.1
瑞士	2914	8.06	3275.1	6.73	3551.5	5.5	3503.9	5.51	3666.8	5.5	4421	5.5
日本	3103.4	8.87	3044	8.26	2869.5	7.6	3226.8	8.06	3472.8	8.0	4138	8.8
韩国	760.5	8.39	1006.8	6.75	1347.7	8	1283.9	7.05	1454.3	7.0	1615	7.0
新加坡	858.3	3.25	1483.9	6.02	2549	6.3	1776.3	4.62	2101.4	4.6	2296	4.3
中国香港地区	858.7	3.63	1884.3	7.88	2929.6	9.9	2867.4	9.56	3197.3	10.1	3442	10.1
中国台湾地区	636.1	4.83	1494.6	11.06	2288.1	13.3	2262.8	14.19	2756.8	15.4	2757	13.9
中国除台湾、香港以外的地区	8.3	1.02	27.3	2.21	71.7	2.2	81.1	2.19	105.5	2.5	99	1.8
印度	6	1.39	15.7	2.53	41.2	4	47.7	4.73	55.7	4.4	49	3.4
巴西	11.8	0.35	45.9	1.36	115.4	1.4	127.8	1.57	169.9	1.6	208	1.7

资料来源：2000—2012 年 sigma。

二、中国寿险业与发达国家寿险业的国际比较

美国和日本是目前全球位居第一和第二的寿险消费大国。这两个国家在第二次世界大战后伴随着经济的发展和社会的变迁，人寿保险经历了半个世纪的发展之后，无论在普及程度还是在消费水平都处于全球领先水平。对美国、日本及世界上寿险业发达国家主要寿险公司的比较分析，能够较好地发现中国寿险业经营特征。

(一)产品方面，国际主要寿险公司大多建立了全面丰富的产品线

美国大都会人寿、意大利忠利保险、法国安盛集团等国际主要寿险公司大都建立了丰富的产品线，提供包括寿险、健康险、储蓄型年金、财险等一系列多样化的保险产品。如表 3-2 所示。

表 3-2　　**2010 年主要寿险公司保费结构**

<table>
<tr><th>公司</th><th colspan="4">寿险及健康险类</th><th>个人年金</th><th>团体年金</th><th>财险</th></tr>
<tr><td rowspan="2">美国
大都会</td><td colspan="4">75%</td><td rowspan="2">4%</td><td rowspan="2">8%</td><td rowspan="2">13%</td></tr>
<tr><td>个人寿险</td><td>团体寿险</td><td colspan="2">健康险</td></tr>
<tr><td rowspan="2">意大利
忠利</td><td colspan="4">70%</td><td rowspan="2">无</td><td rowspan="2">无</td><td rowspan="2">30%</td></tr>
<tr><td>储蓄和保障类产品：60%</td><td>投连险：19%</td><td>团险：12%</td><td>健康险：8%</td></tr>
<tr><td rowspan="2">法国安盛</td><td colspan="4">34%</td><td rowspan="2">29%</td><td rowspan="2">3%</td><td rowspan="2">34%</td></tr>
<tr><td colspan="2">寿险：74%</td><td colspan="2">健康险：26%</td></tr>
<tr><td>中国台湾
国泰人寿</td><td>寿险：52. 31%</td><td>意外险：2. 45%</td><td>健康险：10. 37%</td><td>投资型：9. 67%</td><td colspan="2">25. 2%</td><td>无</td></tr>
<tr><td>中国人寿</td><td>个人业务：94. 85%</td><td>团体业务：0. 15%</td><td colspan="2">短期险(意外及健康险)：5%</td><td colspan="2">无</td><td>无</td></tr>
</table>

资料来源：以上各金融保险集团 2010 年度财务报告。

从表中可以看出，美国大都会、法国安盛建立了丰富的产品线，为顾客提供了多样化的保险产品。以综合经营的法国安盛集团为例，该集团根据客户在不同生命周期的不同需求而提供多元化的金融保险产品，比如向所有客户提供汽车、房屋等财产保障，为有一定寿险需求的客户提供人身保障。随着客户年龄的增长和需求水平的提升，安盛会为其提供了投资储蓄型产品，继而向有养老需求的客户提供年金产品。除保险产品外，安盛还向处于不同生命周期、具有不同需求的客户提供消费信贷、抵押贷款、资产管理等金融产品和服务，较为全面地覆盖了客户的大部分金融需求。

从上表中同样可以看出，中国人寿(上市公司)提供的寿险产品比较单一，而且对寿险及健康险类，主要集中在个人业务上，相对世界上成果丰富的大型保险公司而言，中国人寿的产品类型比较单一。

(二)渠道方面，国际主要寿险公司大多采取了多元化的渠道战略

国际主要寿险公司大多建立了代理人、经纪人、银保、直销等多元化的销售渠道，具体体现在以下两个方面：一是除传统代理人渠道外，积极拓展新的销售渠道。以美国个人寿险(Individual Life)销售为例，独立代理人及经纪人渠道(Independent Agents)保费占比由2000年的50%下降至2010年的45%左右。附属代理人渠道(Affiliated Agents)占比基本保持在40%左右；直销渠道(Direct)和其他渠道占比则由2000年的3%上升至2010年的8%左右，显示出销售渠道逐渐多元化的趋势。在日本，日本大型寿险公司为了克服由陌拜难度引起的营销渠道受阻问题，纷纷采用了整合传统代理人渠道、保险代理店、网络销售为辅的多元化格局(见表3-3)。

表3-3 **1994—2009年日本寿险业各销售渠道保费占比**

投保渠道	1994年	1997年	2000年	2003年	2006年	2009年
代理人渠道占比	88.0	88.5	77.6	71.8	66.3	68.1
邮购渠道占比	0.7	0.6	3.3	5.7	9.1	8.7

续表

投保渠道	1994 年	1997 年	2000 年	2003 年	2006 年	2009 年
代理店渠道占比	2.9	4.0	8.8	6.7	7.0	6.4
银保渠道占比	-	-	-	1.6	3.1	2.6
其他渠道占比	8.4	6.9	10.3	14.1	14.3	14.2

资料来源：以上各金融保险集团 2010 年度财务报告。

二是不同销售渠道与不同产品、不同地域进行多样化组合。由于欧美主要寿险公司的业务遍布全球各个国家和地区，经济环境、人口社会背景和寿险发展程度均有较大差异，因此，这些公司一般会根据当地情况采用不同的渠道策略，为不同客户提供差异化的保险产品。比如法国安盛集团，针对个人客户，提供以银行产品、传统及投资型寿险产品、财险以及中小企业产品为特征的金融产品，对应的营销渠道为银行代理人、一般类经纪人和其他渠道；针对公司客户，主打产品为大中企业团体产品，营销渠道则以特殊类经济人和直销渠道。

(三)客户服务方面，国际主要寿险公司注重专业化分工和提升服务质量

1. 国际主要寿险公司的客户服务注重专业化、精细化分工。

一方面，多数亚太寿险公司根据业务流程进行了专业化部门分工，一般包括核保部、理赔部、契约部等。对于续期保费这一重要职能，日本第一生命、台湾国泰人寿还专门设立了保费部，将对财务、业管、克服和销售渠道等不同部门的工资进行专业化集中。

另一方面，多数亚太寿险公司根据客服工作的三大功能模块(客户联络、客户关系维护、客户资源管理)进行了专业化部门分工。韩国教保生命在保险服务支援室下设了 7 个部门，除业管方面的核保部、合同维持管理部(保全)和保险金审查部外，客服方面就包括呼叫中心、健康管理中心、财务设计中心和服务恢复室，后两者分别为高端客户提供财务规划服务，为投诉客户提供信心恢复服务。仅呼叫中心这一职能，该公司就进一步下设了 3 个一般性部门和7个专业性部门。表3-4列举了亚太主要寿险公司与客户服务工作相关的部门设置。

表3-4　亚太主要寿险公司与客户服务工作相关的部门设置

公司名称	部门设置
日本生命	事务支援中心、客服部、业务流程与信息体系企划部、契约总务部、保单管理部、呼叫中心、理赔服务部、客服本部
日本第一生命	承保医务部、保单服务部、理赔部、呼叫中心管理部、续期业务管理部、“生涯设计”开发部、客服部
韩国教保生命	契约承保部、理赔支付部、保全维持中心、保险审查部、SIU、客户服务支援室、信息系统室、呼叫中心、健康管理中心
台湾国泰人寿	行政(管理理赔、保全、客服)管理部、台北行政中心、桃竹行政中心、台中行政中心、台南行政中心、高雄行政中心、保费部、保户服务部

资料来源：作者根据《中国人寿报告2012》整理所得。

2. 国际主要寿险公司注重改进服务质量、提升客户满意度。

国际主要大型寿险公司纷纷在客户服务方面作出了持续改进，希望通过高效、高质的服务重新获得消费者的信任，具体可体现在以下四个方面：(1)关注每一个服务细节。比如，日本生命专门设立了“理赔服务室”，负责向遭到拒赔、保单解除的保户进行委婉说明；专门设立了“事务支援中心”，以受理紧急性较高的保全、新契约手续；专门开展了“保单内容确认活动”，上门拜访已有保户，以确认其最近一年内是否发生住院、门诊、手术等可以申请理赔的事由；规范代理人对保护的访问频率和售后服务水平，以做到最细致的跟踪售后服务，提供最全面的新商品信息。(2)尽量简化操作流程。日本生命和日本第一生命均倡导无纸办公，在新契约、保全处理中，尽可能地方便客户、减少手续，改变了以往保单签约时要求客户提供户口本、印章等资料的程序，变为在手提电脑上通过“客户 ID”和“密码”认证，实现了高效便捷服务。(3)把握每个接触客户的机会，注重销售与服务的融合。日本生命通过呼叫中心来接触普通代理人难以接触到的客户，为其提供保险建议并出售保单；还建立“生活服务角”来吸引孤单客户和愿意到柜面办理业务的客户，在提供服务的同时向这些客户提供保险咨询服务并出售保单。(4)提供为客户着想的附加增值服务。比如，日本第一生命在公司网站上开设了投保人专用网页，根据投保内容有机会获取各种旅馆的减价和优惠服务积分等。韩国则首次通过网络、信用卡、电话、移动通信等多种渠道提供投保人小额信贷商品，使投保人能轻松方便地得到个人信贷服务；针对高端客户在全国设立了 7 个财务设计中心，为资产在 20 亿韩元的客户或准客户提供免费的财务咨询服务。

(四)投资方面，国际主要寿险公司大多持有复杂多样的金融资产

国际主要寿险公司大多持有类型多样的金融资产，以在必要时灵活调整资产配置，达到分散风险的目的。主要体现在以下三个方面：(1)投资资产多样化。比如美国大都会人寿虽在固定收益类投资产品上的配置权重达 72%，但仍持有权益类证券、抵押贷款、房地产相关投资等其他多元化的投资资产。(2)必要时灵活调配资产组合，保持收益稳定。在金融危机后的 2009 年，美国国际集团、美国大都会人寿、美国保德信金融保险和加拿大永明人寿均将固定收益类证券占总投资资产的比例较 2008 年调高了 2—6 个百分点，显示出较为保守的投资策略。(3)主动配置金融衍生品，以对冲风险。比如台湾国泰人寿，在其资产配置中，除普通股、债券登记处金融工具外，还包括指数期货、利率期货、利率互换、信用违约互换等衍生工具，以此来规避投资中的风险(包括公允价值变动风险、现金流量变动风险和汇率风险等)。2010 年年末美国大都会的投资资产配置中，也有 3.4%左右的金融衍生品配置，以对利率、汇率、信贷利差和股市等风险进行套期保值。

第三节　中国寿险业经营的特殊性分析

一、人寿保险与人身保险概念界定

按照中国《保险法》对保险的定义，保险是投保人根据合同约定，向保险人支付保险费，保险人对于合同约定的可能发生的事故因其发生所造成的财产损失承担赔偿保险金责任，或者当被保险人死亡、伤残、疾病或达到合同约定的年龄、期限时承担给付责任金责任的商业保险行为。人身保险是指以人的生命和身体(健康和生理能力、工作能力等)作为保险标的的一种保险。当被保险人遭遇不幸事故、病痛、意外灾害、衰老以至丧失工作能力、伤残、死亡、年老或保险期满时，保险人承担给付预定的保险金或年金的义务。人身保险最初只对人的死亡进行保险，然而，死亡保险不能满足被保险人生前的生活需要，于是又出现了各类生存保险、生死两全保险，以及各种意外伤害保险和健康保险，使过去的人寿保险发展为现在的人身保险。

随着经济的发展，人民生活水平不断提高，为满足不同阶层对人身保险的需求，新险种层出不穷，人身保险的范围不断扩大。寿险是集合具有生命风险中的多个人，依其风险程度收取保险费形成保险基金储备，当投保人发生损失时，从集中的保险基金储备中得到补偿，从而实现对不幸者的损失给付的一种财务安排。

人寿保险有广义与狭义之分。广义人寿保险就是人身保险，狭义人寿保险是指以人的生死为保险事故的一种保险。当发生保险责任范围内的事故时，保险人对被保险人履行给付保险费的义务。人寿保险、人身意外伤害险和健康保险就保障范围而言都属于人身保险。为了更加清晰地区分，表 3-5 列示了人寿保险同其他两者之间的差异。

表 3-5　　**人寿保险、意外伤害保险和健康保险比较**

项目	人身保险		
	人寿保险	意外伤害保险	健康保险
保障风险	生存和死亡	死亡和残疾	疾病、残疾
给付条件	生存和除免责条款外的任何原因造成的死亡	客观意外事件发生，同时被保险人死亡和残疾且意外事件同被保险人损害间具有必然联系	由非外来非先天，非长存原因造成的被保险人的疾病和残疾
定额与否	定额	定额	定额和不定额
期限	多数为长期	多数为短期	多数为短期
功能	保障和储蓄	保障	保障
宏观经济	相关度高	相关度低	相关度低

资料来源：陈文辉(2008)中国寿险业经营规律研究——费用、盈亏平衡、资本需求①。

二、中国寿险业经营的特殊性

寿险公司经营是指为客户提供有针对性的产品和服务，从而确保公司的持续健康发展。寿险公司的经营主要包括销售、服务和投资三个体系。其中，销售涵盖保险产品和销售渠道两个部分；服务涵盖寿险合同约定的保险服务(核保、保全、核赔)、非约定而附加提供的服务等；投资则是将企业自身及业务收入获取的现金流进行科学配置，以在资金安全的前提下尽可能地获取更高的投资收益。为了明晰中国寿险业的经营特点，本小结分别从寿险业与其他行业、寿险与财险、中国寿险与国外寿险的角度进行比较，发现中国寿险业经营的特殊性。

① 陈文辉．中国寿险业经营规律研究——费用、盈亏平衡、资本需求[M]．北京：中国财政经济出版社，2008：93.

(一)寿险业与其他行业的比较

寿险公司与一般工商企业比较有其自身的特性，这些特性是客观存在的。由于寿险产品的特殊性，寿险公司同其他行业的公司在经营上呈现较大差异，主要表现在：

1. 经营复杂性：先销售后生产

寿险经营的复杂性，或者说寿险公司在利润核算上的复杂性在很大程度上与寿险经营的流程有关。与一般商品先生产后销售不同，寿险经营是“先销售后生产”，即消费者对寿险产品的实际消费在销售之后的整个保险期间内，这种销售和生产分离的特征决定了寿险公司实际成本的确定晚于收入确定。所以，只有等保险责任期满，保单的实际利润才能被准确核算出来。实际中，寿险公司通常根据一定的假设和经验计算利润，如果这种假设和经营与现实偏离过大，将直接影响寿险公司经营结果的准确性。

“先销售后生产”的特性告诉我们：第一，销售在寿险公司经营链中处在“龙头”地位。寿险公司先有销售，没有销售，就没有“生产”(核保、保单制作、理赔)。销售做得好，“生产”才能好，销售带动公司的整体发展。第二，销售对“生产”的质量产生决定性的影响。销售人员向公司提交投保单，就是公司“生产”的“订单”。投保单各项要素填写的真实、标准、齐全，公司的“生产”(出单)效率以及后续的(保全、理赔)管理质量就高，否则就低。另外，如果销售人员随意增加对客户的承诺，公司必然无法实现标准化生产和规范化保单管理，因而销售人员的销售质量是业务质量管理的源头，并且决定公司的业务管理质量。第三，容易产生销售误导。由于寿险产品的无形性，客户对产品的需求是潜在的，因而大部分购买者不会主动购买，与一般商品相比，就增加了销售难度。销售人员为了完成销售，在销售过程中容易对客户误导，产生销售误导。

2. 服务长期性：增加经营的复杂性，延续了风险的潜伏期

多数寿险产品均属长期性业务，一份保险合同从签发到保险责任的完结往往需要几年、十几年甚至几十年的时间，考虑一些经营周期较短的寿险产品取平均值，寿险的业务周期也远远高于其他行

业，这是寿险区别于其他行业的又一特征。寿险的长期性提高了寿险经营的复杂性，同时也提高了经营风险的潜伏期，使风险前期难以察觉。长期性特征对于寿险经营来说是重大的，它的影响体现在寿险经营的方方面面。

服务长期性特点体现在寿险公司的保费分为首年保费和续年保费。续年保费是衡量寿险公司的持续发展能力的重要指标，一个寿险公司有没有持续发展能力，主要看续期保费，在首期保费基本相同的情况下，首年保费的结构，即期交保费的多寡决定续期保费的增长，进而决定着公司总保费规模的增长。续期保费是形成寿险持续发展能力的重要基础，也正因为此，更加需要对保单进行长期管理。

3. 盈亏依赖于预计成本特性

一般企业产品价格的确定因素主要包括实际材料成本、实际生产成本、实际销售成本和预计利润，即产品价格完全是依据实际的成本确定的。寿险公司的产品价格确定的因素，主要包括预计死亡率、预定利率、预定附加费用率、预定利润，即寿险产品价格完全是依据预计成本确定的。

一般企业产品卖出去后，就可以计算出利润，知道赚不赚钱，或赚多少钱。而寿险公司只有在保单终止后，才能知道是否有利润。因为只有保单终止后，公司才能计算各种预定因素与实际是否吻合，才能确定这张保单是赚钱还是不赚钱，即寿险的盈亏依赖于预计成本。

“盈亏依赖于预计成本”的特性告诉我们：第一，寿险公司经营的风险是潜在的。一般企业卖出产品后就能实现利润，而寿险公司卖出保单后并不能确定是否盈利，可能盈利，也可能亏损，经营的风险是潜在的。第二，寿险公司的成本控制十分重要。寿险公司预定的各种因素，实际上是预定的各项成本。因此，在实际经营中，要努力将成本支出控制在预定的比率内，否则，必将亏损。第三，精算师具有特殊的地位和职责。由于盈亏依赖于预计成本，而预计成本是由精算师设计的。因此，精算师在公司经营中有特殊的地位，并担负重要的职责。第四，应该用 EV 来衡量寿险公司的价值。一般公司用 PE 来衡量公司的价值。

4. 高负债性：准备金是对客户的负债

一家成熟的寿险公司，资产负债率往往超过 90%。这种高负债性是由保费收入和实际承担的保险责任不同步的特点决定的，是寿险公司未来应当承担的对投保人和被保险人的责任。负债对寿险企业而言是其业务中不可分割的一部分，而对其他行业而言则仅仅是作为一种融资手段。另外，基于大数法则的经营原则和寿险产品的长期性要求寿险公司高负债经营。大数法则要求寿险公司对同类险种的销售要达到较大的规模，销售量越大就意味着负债规模越大；寿险产品的长期性特征决定了单一产品上寿险比非寿险有着更长的保障期间，保障期间越长，意味着产品具有更高的保险利益，从而保险人对投保人承诺的债务也就相应提高。

在寿险公司的财务报表上，最大的负债项是准备金，而准备金是由客户交纳的保费积累而成的，是寿险公司对客户的负债。寿险公司的高负债性经营特点告诉我们：寿险公司的财务文件十分重要，对于负债经营的寿险公司，公司的财务状况对公司产生巨大的影响。因而，稳健经营是寿险公司的基本经营原则。

5. 信息不对称：逆向选择和道德风险

信息不对称的存在，会使交易的一方利用其在信息上的优势提高自身利益而损害信息处劣势一方的利益，从而引起逆向选择或道德风险的发生。保险业被认为是典型的信息不对称行业，逆向选择和道德风险频繁地发生于这一行业。多数情况下，信息不对称会使低风险群体最终退出保险，从而导致高风险群体充斥市场。同时，投保人对信息的隐瞒，可能使保险公司将其划分在较低的风险级别中，结果是投保人获得较低的价格而保险人承担了额外的保险风险。

信息不对称的特性告诉我们：个别销售人员为了自己的业绩，误导客户购买保险，而公司当时却很难知道，直到发生保险事件或纠纷，甚至销售人员离开公司后，公司才知道。为了防止逆向选择所产生的公平定价原则，保险合同要求的最大诚信原则和告知义务也是保险行业特有的交易条款。保险逆选择是由保险商品的特性所决定的，是寿险领域一种正常的现象，只能采取有效措施加以防范，而不能从根本上消除。

(二)人寿保险与财产保险的比较

人寿保险和财产保险由于保险标的不同，派生出其他诸多项不同，为了更加清晰地区别两种险种，表3-6列示了人寿保险和财产保险在诸多方面的差异。

表3-6　人寿保险和财产保险的比较

	财产保险	人寿保险
标的	有形资产	人的生命
标的的可估价性	可估价	不可估价
保险金额的确定	依据对保险标的的估计确定	由合同双方当事人约定
保险金交付原则	补偿性保险，遵循损失补偿原则	事故发生后，保险人按照合同约定给付保险金，人身保险是给付性保险
保险期限	≤1年	除意外伤害险意外，大多属于长期性质，保单持续数年至数十年
经营风险	经营内容、过程、承保技术、管理复杂	利率风险、资金风险、定价风险、一般管理风险
资金运用	只适合短期投资	可进行长期投资
保费特性	保费首年和续年无明确分类	保费分为首年保费和续年保费首年保费又分为期交保费和趸交保费；期交保费又分为年交保费、季交保费和月交保费
确定产品价格需考虑的因素	保险事故发生率、公司经营费用率	保险事故发生率、公司经营费用率、预定利率(寿险保费具有成本性)
投资收益的分配	全部归公司所有	投资收益大部分归客户
新单销售是否需要控制	不需要	需要(首年成本远远高于续年成本)

资料来源：作者根据万峰(2011)《寿险公司经营管理之道》、百度文库(人寿保险和财产保险区别)整理所得。

第四节　中国寿险业经营绩效指标的特点

衡量寿险公司经营绩效的指标很多，国内学者对此进行了一些研究，具有代表性的孙蓉(2013)以全面风险管理的视角，分别从下面五个方面构建了我国寿险业经营绩效评价指标体系，如表3-7所示。

表3-7　　**公司绩效评价指标体系**

指标类型	对应指标	公式表达	类型
偿付能力类	自留保费率	表达公司承担的风险，即抵御风险的能力	逆向
	资产负债率	≤90%为佳	适度
	退保率	可用于检测偿付能力稳定性提供预警信息	逆向
资产质量类	现金比率	反映短期偿债能力，表达短期债权人的风险	正向
	固定资产比率	固定资产占资本金比重，≤50%为佳	适度
	应收保费比率	反映应收保费在一定期间内周转次数，≤8%为宜	适度
稳健营运类	综合费用率	费用占已赚保费比重，反映保险公司费用支出状况	逆向
	人均净利润	消除公司职工人数不同对净利润的影响	正向
	人均保费收入	从人均保费角度衡量公司经营效率	正向
盈利能力类	净资产收益率	反映寿险公司资金运用的收益水平	正向
	投资收益率	反映企业运用资金获取收益的能力	正向
	承保利润率	寿险公司承保业务的获利能力	正向
发展能力类	保费增长率	反映保费收入变动情况，为区间适度指标	适度
	资本保值增值率	反映保险公司当年资本在自身努力下的实际增减变动情况。	正向

资料来源：作者根据孙蓉(2013)的研究整理所得。

寿险公司最关心的问题大多与费用、盈亏平衡年、资本需求相关，因而，上述三个指标作为关键指标被信息使用者关注①。由于寿险行业与大多数行业不同，寿险公司“销售”的是无形产品，寿险公司与客户的权利和义务是通过保险合同来规范的。根据《企业会计准则第 25 号——原保险合同》规定，“原保险合同，是指保险人向投保人收取保费，对约定的可能发生的事故因其发生所造成的财产损失承担赔偿保险金责任，或者当被保险人死亡、伤残、疾病或者达到约定的年龄、期限时承担给付保险金责任的保险合同”。根据这一定义，可以看出，寿险公司以提供保障、资产管理或储蓄为基本服务，而成本费用项目主要包括赔付支出、提取未到期责任准备金、提取保险责任准备金。

根据前述寿险业经营的特征，结合企业绩效评价理论，作者认为对寿险业绩效的评价应体现寿险业的经营特点，从可持续发展视角对中国寿险业绩效进行评价。

第五节　中国寿险业智力资本探析

从上述对寿险业经营特征分析可知，寿险公司的经营业务主要是为客户提供有针对性的产品和服务，除了产品的设计和定价，寿险公司的经营业务主要包括销售、服务、投资三个体系，上述的每一个模块都与人力资源密不可分，本节通过对寿险公司经营中的人力资源因素探析中国寿险业智力资本的特点。

一、寿险经营、人力资源与智力资本

(一)寿险产品的特殊性决定了服务是保险公司的核心业务

作为一种特殊的商品(是以契约或合同形式存在的无形商品)，使得寿险公司出售的是一种信用，消费者消费了这种无形商品，不能马上感知该产品的自然属性，因而依赖保险公司的承保服务让客

---

① 陈文辉．中国寿险业经营规律研究——费用、盈亏平衡、资本需求[M]．北京：中国财政经济出版社，2008：78.

户认识保险，保险公司的服务构成了客户对保险公司、保险商品的感受。因而，服务是保险公司的核心业务。

（二）保险需求的潜在性决定了产品需要靠人推销

也是因为寿险产品的特殊性，绝大多数购买者不会主动购买，这与一般商品不同，即使在发达市场的国家，也很少有人主动购买寿险产品，同时保险涉及的是人的生、老、病、死、残等大多忌讳谈论的话题，这就增加了销售的难度。因而，即使世界人寿保险已经发展了几百年，仍需要营销员的主动推销扩展业务，由此产生了保险代理人这个职业。也正由于寿险销售需要销售人员游说、劝说，有人把销售人员总结为靠“一张嘴卖一片纸（保险单）”。

（三）寿险产品的长期性决定了营销人员不仅要推销，还需增员，以保持寿险行业的可持续性发展

在销售产能基本相同的情况下，谁拥有的销售人员越多，谁的首年保单销售量就越大，换句话说，在产能一定的情况下，要想增加首年保单的销售量，就必须大力发展销售人力。保险产品的营销不仅需要为数较多的营销人员，营销人员的质量也起到关键的作用。因为销售人员的推销具有销售导向的作用。在寿险初级市场客户保险知识比较缺乏的情况下，销售人员推销什么产品，客户往往就买什么产品，由此产生销售人员推销的导向作用。

（四）寿险业对人才供不应求使人才流动速度快

出现此种情况的原因有二。一是专业人才需求不足，2005 年“中国保险教育论坛估计学术研讨会”指出保险行业人才的供需比例为 1∶4。每年全国全日制高校的保险专业本科及以上的毕业生供给不足。保险专业人才在供需数量和结构上的多重矛盾成为制约发展的瓶颈。由于人才的不足，通过高新市场新进入公司挖老公司、小公司挖大公司的“挖角”之风极大地影响行业的正常发展。二是寿险公司以佣金的形式支付给员工，由于基本工资很低甚至没有基本工资，进入门槛低，加之新招聘员工人员素质参差不齐，人员流动过于频繁已成为寿险业发展的行业“通病”。有数据显示，2004 年我国大部分寿险公司人才流失率在 60% 以上，

以平安保险的85%最高①。

(五)寿险产业特征是以知识密集型为主，劳动密集型为辅

业内人员认为，在产品设计、销售服务、风险控制、查勘理赔等各方面，保险都具有较高的技术要求，具有知识密集型产业特征②。为了更加清晰地分析寿险产业的特征，按照寿险行业经营的主要环节进行逐一分析。

第一，产品的定价、合同条款的设计环节。如前所述，人寿保险经营的商品具有特殊性，有多少不同的人群，就可以设计出多少不同的产品，保险产品的设计要经过需求分析、可行性分析，要保证产品的竞争优势，需要根据一定的理论基础进行定价、预测和分析，为了形成有形的商品需要对合同的诸多条款进行细致的设计。

第二，销售环节。除了寿险产品自身特点致使其销售困难，严峻的从业环境也使行业内人才储备不能适应保险业转型发展要求。与银行证券业相比，保险业相对较低的劳动收入和行业形象，影响了优秀人才的涌入，而这又容易形成不良循环。销售在寿险经营中的龙头地位使销售队伍建设成为提高寿险公司核心竞争优势的迫切需要。公司的核心竞争力优势不仅由保费规模决定，关键是看销售队伍在核心业务领域是否具有竞争优势。保险产品的销售以推销为特征，同时为了可持续性发展战略，还需要以增员为任务。销售队伍的建设、销售渠道的开拓、专业知识的教育培训等对寿险的经营具有重要的作用。

第三，售后服务环节。寿险产品在销售以后，并不意味着销售工作的结束，售出的商品(保单)在后期核保、保全和理赔阶段，服务质量起着核心的作用。良好的服务可以使业务进入“满意—续交保费、增加新契约—介绍新主顾”的良性循环中，同时，售后服务本身也是合同契约的一部分，涵盖寿险合同约定的保险服务(包

① 刘勇．中国保险行业战略人力资源结构优化研究［D］．武汉：武汉理工大学，2005．

② 罗忠敏，王力．中国保险业竞争力报告(2012—2013)——转型的艰难起步［M］．北京：社会科学文献出版社，2013：87．

括核保、保全、核赔)，非约定而附加提供的服务等。客户服务可以提高商品的品质，通过品质经营提高竞争力。

第四，投资管理环节。由于寿险产品的同质性，各家寿险公司为了吸引客户而降低保费，使承保业务利润呈现出负收益状态，因而，保险公司利润主要来源于投资收益。良好的投资收益不仅能成为寿险公司投资业务持续发展的基础，也是寿险公司整体持续良好发展的前提。国际主要寿险公司大多持有类型多样的金融资产，在必要的时候灵活调整资产配置，不仅能够获取收益，同时也分散风险。投资需要具有专业的知识和技能，因而目前多数寿险公司采用专业控股组织形式，而小型寿险公司则倾向于委托第三方资金管理公司运作。

表 3-8 **寿险经营各环节任务、目标与人力资本要求**

	产品环节	销售环节	服务环节	投资环节
任务/主要工作	产品设计、定价；合同条款设计等	以代理人、经济人、银保、直销为渠道的多元化渠道战略；以增员为任务的持续发展战略	售出险种信息反馈；建立保户档案；对保户防灾、防损服务、出现理赔等	投资于股票、债券、贷款、不动产、投资基金等各渠道，分散风险的同时获取良好的收益。
目标/原则	尽可能全面丰富、满足不同类型消费者的需求	尽可能多元化销售渠道	服务专业化，精细化分工	保证一定收益率下的安全性；收益性；流动性；社会性
需要的主要智力资本要素	人力资本	关系资本、组织资本	人力资本、组织资本	人力资本、组织资本、关系资本

资料来源：作者根据相关文献整理所得。

总体说，保险是一项技术性、专业性、法律性和政策性都很强的经济活动，客观上对保险经营管理提出了相当高的要求。保险公司经营管理得好，则意味着企业的声誉好，市场份额大，向社会提供的保险产品多(保险产品多、保单数量多、保费收入多)，反之，经营无方，管理混乱，轻者造成业务萎缩(保险市场供给减少)，重则使企业破产倒闭，退出保险市场。从事保险经营管理需要各方面的专业人才，包括精算人才、投资人才、市场开发人才等，如果缺乏这样的人才，必然影响经营管理水平，进而影响保险市场的供给。

二、中国寿险业的组织结构与智力资本

寿险公司的经营管理活动是其组织结构设置的基础，组织结构设置紧紧围绕保险公司的各项经营活动并为其经营活动服务。寿险公司从事风险管理业务，主要经营管理活动包括产品开发、产品销售、承保、理赔、再保险、客户服务、资金运用等，需要进行较高程度的专业化分工。

各家寿险公司根据经营管理需要所设置的部门不尽相同，但根据工作范围大致可以分类三类：前台部门(前线部门)、中台部门和后台部门(后援部门)。前台部门负责客户开发和业务发展，主要包括根据客户类型和险种设置的个人业务部、团体业务部、银行保险部等，为产品销售直接服务的渠道管理部以及下级销售机构。中台部门对企业运营各个环节进行管理，为前台部门提供支持服务，对业务品质和业务风险进行管控，为客户提供售后服务等，主要包括产品开发部门、客户服务部门、核保部门、核赔部门、理赔部门、再保险部门等。后台部门不直接为产品销售提供服务，主要是为整个企业运行提供支持性服务，主要包括行政部门、人力资源管理部门、信息技术部门、财务会计部门、法律合规部门、资产管理或资金运用部门等。

随着寿险行业业务规模的快速上升，寿险改革创新不断深入，寿险行业取得了快速发展，与之相适应，寿险公司的组织架构和部门设置也不断进行调整，呈现以下趋势：

（一）前台部门授权式管理，中后台部门集中管理

越来越多的保险公司对前台部门实施授权式管理，即在授权范围内，前台部门及经营管理人员被授予充分的经营自主权，各地区业务单元的经营管理人员在授权的范围内有权对关于品牌管理、产品销售和渠道管理等领域的事项进行决策。另一方面，保险公司对中后台部门实施集中管理，能够使整个保险公司内部共享承保、理赔、客户服务等领域的资源，取得规模经济优势，降低运营成本。平安保险早在2004年即在上海建设全国后援中心，集中管理全国3000多家分支机构的运营管理，目前多数寿险公司在法人机构所在地以外已经建立或正在建设全国后援中心，将核保、核赔、客户回访、客户服务、财务管理、人力资源管理等中后台部门的职能实施全国范围内的大集中。

（二）信息技术部门显示出越来越重要的地位和作用

随着现代信息技术的突飞猛进，寿险公司将信息技术广泛运用到企业经营管理各个环节，不断优化管理流程，提高经营管理效率。在寿险公司经营管理体系中，信息技术为经营管理和业务流程模板化、规范化提供了技术条件，并为历史数据信息的积累、保存、分析、使用提供了技术支持。根据积累的大量历史数据进行风险评估和风险定价，基本能将成本的风险因素程式化，将业务流程标准化、核保流程远程化，前台部门和中后台部门之间的沟通协调成本明显降低，经营效率显著提高，保险业上述重大的变革和创新都离不开信息技术的支撑，各保险公司对信息技术的投入持续增大，信息技术部门在公司运行体系中的作用和地位举足轻重。

（三）根据公司发展战略，不断调整部门设置和组织机构

寿险公司组织机构设计是由公司经营发展战略确定的，反映和体现公司经营战略，各保险公司在成立之初都制定了短、中、长期的经营定位和战略规划，并充分体现在其选定的业务范围、经营区域、销售渠道、组织架构建立等方面。根据公司发展战略，对重点经营区域、重点业务领域、重点销售渠道和重点产品作出选择和取舍，并以此为依据不断调整其组织架构

和部门设置。

(四)积极适应经营环境，不断加强组织结构的变革管理

企业对竞争优势和经营效率的持续追求是现代组织结构演变的主要推动力，组织机构设计和变革是一项集科学性和艺术性于一体的工作。目前我国保险业发展正处于快速发展向稳定发展的过渡期，是保险行业改革发展的关键时期，各保险公司均根据外部发展环境，立足于现状，着眼于未来，结合自身的发展战略、人力资源状况、股东结构和本公司发展阶段，对本公司经营战略和发展规划进行了重新布局安排。这种因时而动的调整和变革都是在立足自身实际，有选择地借鉴经验的基础上不断进行的。其中，有寿险公司进行渠道改革，推动已经失去活力销售渠道逐步退出市场；有的公司进行部门职能改革，按照产品种类实行事业部制，将单一产品的研发、销售、承保、理赔等单独核算统一管理，打破原先按照职能设置部门的局限；有的公司采取了更加灵活的经营方式，在确保控制力的前提下将部分产品销售活动乃至理赔服务外包给保险中介机构，相应的公司加强信息技术建设和提升客户服务水平，相应减少营业部门和销售管理部门。

三、中国寿险业智力资本特点

通过对寿险业经营特点、人力资源及组织结构的分析可知，寿险公司的发展体现了以知识结构为重点、以专业技能为核心的人才特色，同时行业的发展需要以经营管理人才、专业技术人才、保险营销人才、监管人才为主体的人才队伍。学者们对不同行业智力资本研究呈现出丰硕的研究成果，不同类型的企业智力资本的管理要点不同如表 3-9 示：从表中可以看出，对于以提供连续服务的保险行业，智力资本管理是其唯一所需的管理体系，所需智力资产的少量技术是与产品型公司相比而言，就其技术特征而言，如前所述，也是非常重要的一部分。

表 3-9　**不同公司类型的智力资本管理的不同侧重点**

	产品型公司		服务型公司	
类别	强调工艺	强调产品	提供连续服务	提供离散服务
实例	炼油公司	汽车公司	电力和天然气供用水设施	律师事务所
	石油和天然气管道	计算机公司	电话公司、银行、保险公司	咨询公司
知识产权	大量	大量	少量	极少量
智力资产	大量技术、行政、管理	大量技术、行政、管理	少量技术、大量管理与行政	少量技术、大量管理与行政
人力资本	有	有	有	有
智力资本管理焦点	战术与战略	战术与战略	战略	战略
所需的管理体系	知识产权管理、智力资本管理、智力资产管理	知识产权管理、智力资产管理、智力资本管理	智力资本管理	智力资本管理

资料来源：帕特里克·沙利文：《智力资本管理——企业价值萃取的核心能力》，2006.

注释：作者从价值萃取的角度把公司的管理分为：知识产权管理、智力资本管理和智力资产管理，本书主要借鉴保险行业涉及的智力资本管理。

为了更加清晰地展示我国寿险业智力资本的特点。通过智力资本要素的内容结合中国寿险业经营特征，总结出寿险业智力资本的特点，如表 3-10 所示。从表 3-10 可以看出，在中国寿险业智力资本的三个要素中，关系资本地位尤其重要，组织资本和人力资本地位相当，智力资本整体在寿险业经营管理中起着关键的作用。

表 3-10　　**中国寿险业智力资本特点**

	智力资本要素内容 Guherie & Petty(2000)	寿险业的经营管理特征、现状	寿险业智力资本特点
人力资本	专业技能、学历、职业资格、与工作相关知识与技能、企业精神、创新性、应变力、可变性	寿险产品的同质性强，缺乏竞争力；高管变化过频，行为短期化；人才的流失严重，增员困难	需要较高的人力资本水平开发适合市场需求的新产品，提高竞争力
组织资本	知识产权(商标、版权、专利)基础设施资产(管理哲学、企业文化、管理过程、信息系统、联网系统、财务关系)	保险经营从展业、投保、核保、承保、分包、保全、防灾、核赔、理赔等多个环节，且跨期长；保险影响诚信、文化建设落后；人员的培训、积累陷入恶性循环	较少的知识产权，大量的行政管理，因而行政管理的规范程度体现了行业的服务质量；产品服务流程、人员的培训等都需作为组织资本的建设重点
关系资本	品牌、消费者、消费忠诚度、公司知名度、销售渠道、业务合作、特许权协定、有力的合同、特许权经营协议	经营对象是风险，因而产品的销售是生产链的龙头；产品无形性，服务是企业的核心业务；产品的长期性，可持续性发展地位重要	关系资本在寿险业的地位尤为重要，体现了寿险行业的产品特征、经营特点

资料来源：作者根据相关文献整理所得。

第四章　研究模型与数据来源

在综述国内外学者对智力资本和经营绩效关系的研究后，结合中国寿险业经营业务的特殊性及影响经营绩效的相关因素，本书提出了相应的研究假设并建立多元线性回归模型，为进行中国寿险业智力资本与经营绩效关系的实证研究作好准备。

第一节　本书的研究假设

通过前面章节对相关理论和已有文献的梳理之后，本节将提出本书的研究假设。整体上讲，这些假设分为两类，即：验证性假设和开拓性假设。验证性假设是有相关理论提供支持的或有学者基于特定的研究背景已经得到检验的；开拓性假设虽有相关理论的支持，但没有学者得以证实。本书研究假设有三类：静态关系假设、动态关系假设和调节作用假设。

(一)静态关系假设

根据以下文献提出以下研究假设：主张资源基础观理论(Wernerfelt，1984①；Marr et al.，2003②)认为，智力资本作为一个战略资源，能够增加企业的竞争优势，也是公司能够利用其创造价值并使其绩效增加的资源。秦辉、王瑜炜(2014)③针对智力资本在

---

① 万希. 智力资本对我国运营最佳公司贡献的实证分析 [J]. 南开管理评论，2006，9(3)：55-60.

② Marr B.，Gray D.，Neely A. Why do Firms Measures Their Intellectual Capital [J]. Journal of Intellectual Capital，2003，4(4)：441-464.

③ 秦辉，王瑜伟. 智力资本提升组织绩效了吗？——基于 Meta 分析的检验 [J]. 科学学与科学技术管理，2014(3)：154-163.

多大程度上影响企业绩效这一管理学热点问题运用元分析方法的研究结果表明：智力资本与组织绩效之间存在显著的正向关系。丰富的实证研究为智力资本与经营绩效的关系研究提供了基础。据此，本书提出如下假设：

H1a：中国寿险业的智力资本(VAIC)对经营绩效具有正向的影响作用。

Edvinsson(1997)提出了人力资本(Human Capital)的概念，认为它是存在于员工个体之中，由员工的知识、技能、经验组成，代表组织在个体层面上的知识存量①。Rompho and Siengthai(2012)认为员工工作的效率对组织的绩效有非常重要的作用，且认为让员工参与培训和学习能够使组织绩效更好②；Baum and Silverman(2004)解释了员工随着时间和学习获取的经验对企业绩效的重要意义，并且认为给予学员的学习机会能够使组织绩效更高③；Bontis and Fitz-enz(2002)的研究认为，前人的研究证明了人力资源的提高和进步能使组织资源产生根本的提高④。依据上述研究结果，本书提出以下研究假设：

H1b：中国寿险业的人力资本(HCE)对经营绩效具有正向的影响作用。

① Edvinsson L., Malone S. Intellectual Capital: Realizing Your Company's True Value by Finding its Hidden Brainpower [M]. New York: Harper Business Press, 1997.

② Rompho B., Sieng thai S. Integrated Performance Measurement System for Firm's Human Capital Building [J]. Journal of Intellectual Capital, 2012, 13(4): 482-514.

③ Baum J. A., Silverman B. S. Picking Winners or Building Them? Alliance, Intellectual, and Human Capital as Selection Criteria in Venture Financing and Performance of Biotechnology Straps [J]. Journal of Business Venturing, 2004, 23(4): 411-436.

④ Bontis N., Fitz-enz S. Intellectual Capital ROI: A Causal Map of Human Capital Antecedents and Consequents [J]. Journal of Intellectual Capital, 2002, 3(3): 223-337.

Robert H. Ashton(2005)把结构资本(Structual capital)分为公司内部结构资本和外部结构资本。其中，内部结构资本包括企业的信息系统、过程资产、公司形象等无形资产；外部结构资本包括公司与顾客、供应商、政府、社会、市场渠道之间的关系所形成的无形资产。就其内容上看，内部结构资本和三元论的结构资本相吻合，而外部结构资本和三元论的关系资本基本吻合。Abdel-Aziz Ahmad Sharabati, et al.(2010)指出，结构资本是企业提高绩效的重要资源。企业现存的系统和程序是企业运营的基本要素，在结构资本中，组织环境和发展都能提高现有组织的效率。Alipour(2012)认为结构资本是增强制度环境价值的途径①。

据此研究结果，本书提出如下假设：

H1c：中国寿险业的结构资本(SCE)对经营绩效具有正向的影响作用。

H1d：中国寿险业的客户(关系)资本(CCE)对经营绩效具有正向的影响作用。

人力资本(HC)和结构资本(SC)离开了物质资本(CE)的存在，便不能发挥作用，也因此，VAIC 的创始人 Pulic(1998, P8)把物质资本纳入智力增值系数考虑②。(Chen et al., 2005③；Chan，2009④；

① Alipour M. The Effect of Intellectual Capital on Firm Performance: An Investigation of Iran Insurance Companies [J]. Measuring Business Excellence, 2012, 16(1): 53-66.

② Pulic A. Measuring the Performance of Intellectual in Knowledge Economy [EB/OL]. http://www.vaic-on.net/download/Papers/Measuring%20the%20performance%20of%20Intellectual%20Potential.pdf.

③ Chen M. C, Cheng S., Hwang Y. An Empirical Investigation of the Relationship between Intellectual Capital and Firm's Market Value and Financial Performance[J]. Journal of Intellectual Capital, 2005, 6(2): 159-176.

④ Chan K. H. Impact of Intellectual Capital on Organizational Performance: An Empirical Study of Companies in the Hang Seng Index(part2)[J]. The Learning Organization, 2009, 16(1): 22-39.

Zeghal and Maaloul, 2010①)研究发现物质资本对企业绩效有积极影响作用。鉴于此，本书提出如下假设：

H1e：中国寿险业的物质资本(CEE)对经营绩效具有正向的影响作用。

(二)动态关系假设

一个期间的智力资本和物质资本效率不仅影响当期的绩效，而且还影响下个期间的绩效。比如：新进管理者可能需要在工作岗位上获取经验后才能很好地给企业或者组织带来效益。企业也只是对新系统、新工厂、新业务进行操作的培训和验收，而对已经使用过的上述资产，则随着时间的增加，出现培训或验收的可能降至最低。因此，借鉴 Chen et al. (2005)②, Shiu(2006)③and Tan et al. (2007)④的研究结论，本书假设当期的智力资本和其构成要素对下期的经营绩效产生积极的影响。

H2a：中国寿险业上期的智力资本增值(VAIC)对本期的经营绩效有积极影响。

H2b：中国寿险业上期的人力资本(HCE)对本期的经营绩效有积极影响。

H2c：中国寿险业上期的结构资本(SCE)对本期的经营绩效有积极影响。

---

① Zeghal D., Maaloul A. Analyzing Value Added as an Indicator of Intellectual Capital and its Consequences on Company Performance[J]. Journal of Intellectual Capital, 2010, 11(1): 39-60.

② Chen M. C, Cheng S., Hwang Y. An Empirical Investigation of the Relationship between Intellectual Capital and Firm's Market Value and Financial Performance [J]. Journal of Intellectual Capital, 2005, 6(2): 159-176.

③ Shiu H. J. The Application of the Value Added Intellectual Coefficient to Measure Corporate Performance: Evidence from Technological Firms [J]. International Journal of Management, 2006, 23(2): 356-365.

④ Tan H. P, Plowman D., Hancock P. Intellectual Capital and Financial Returns of Companies [J]. Journal of Intellectual Capital, 2007, 8(1): 76-95.

H2d：中国寿险业上期的关系（客户）资本（CCE）对本期的经营绩效有积极影响。

H2e：中国寿险业上期的物质资本（CEE）对本期的经营绩效有积极影响。

至此，得出本书的研究假设示意图，如图 4-1 所示。

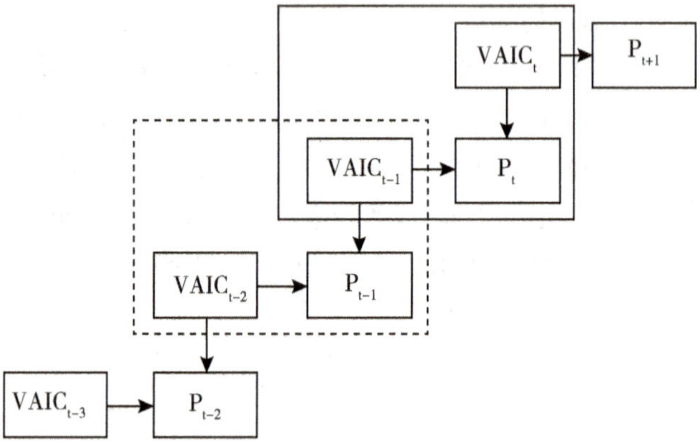

图 4-1 本书研究假设：智力资本与经营绩效动态关系图

（三）调节作用假设

在研究了智力资本和经营绩效之间的直接作用以后，作者探索性地研究智力资本与经营绩效之间的间接作用，即智力资本与物质资本之间的调节作用。Pulic（1998）指出，智力资本不会依靠自身创造价值，相反，它需要和物质资本结合才能产生增加企业价值的可能性，正如一个商标没有附加在商品上是不会产生价值一样。当智力资本和物质资本相结合时，通过物质资本便产生了价值的增加。企业运用其物质资本产生经营绩效，智力资本则决定了企业如何更加有效地运用物质资本。因此，本研究假设，物质资本能够调节智力资本（人力资本、结构资本和关系资本）和经营绩效之间的关系。物质资本越大，智力资本（人力资本、结构资本和关系资本）对企业的经营绩效越大。图 4-2 是反映了智力资本在物质资本与经营绩效之间的调节作用。

H3a：物质资本(CEE)能够调节人力资本(HCE)和企业绩效之间的相关关系。

H3b：物质资本(CEE)能够调节结构资本(SCE)和企业绩效之间的相关关系。

H3c：物质资本(CEE)能够调节关系(客户)资本(CCE)和企业绩效之间的相关关系。

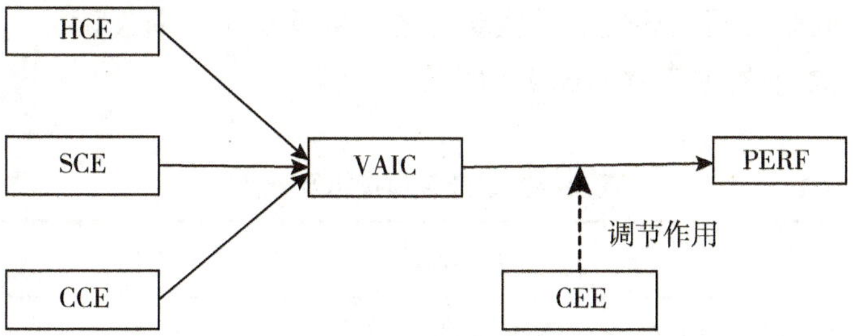

图 4-2　本书研究假设：物质资本在智力资本与经营绩效关系中的调节作用

第二节　研究设计与模型构建

一、研究设计

(一)因变量

国内外学者在研究智力资本和绩效之间关系时，对企业绩效的测量采用了很多指标，资产收益率(ROA)、权益报酬率(ROE)、员工生产率(EP)和收入增长率(如 Firer and Williams, 2003①; Chen et al., 2005②;

① Firer S., Williams M. Intellectual Capital and Traditional Measures of Corporate Performance [J]. Journal of Intellectual Capital, 2003, 4(3): 348-360.

② Chen M. C, Cheng S., Hwang Y. An Empirical Investigation of the Relationship between Intellectual Capital and Firm's Market Value and Financial Performance [J]. Journal of Intellectual Capital, 2005, 6(2): 159-176.

Shiu, 2006①；Chan, 2009②)，对寿险业绩效的测量主要通过资产收益率(ROA)。

由于寿险行业高负债经营的特点，用净资产收益率(Return on Equity)比较能反映企业自有资产的获利能力；而最能反映承保利润的指标是承保利润率(Underwriting Profit Ratio)。考虑到寿险行业金融服务的特点，本书把人均净利润(Net Profit per Employee)纳入绩效指标；资本保值增值率(Rate of Capital Maintenance and Appreciation)则能够较好地从动态的角度反映了企业经营绩效。鉴于此，本书的因变量如表4-1所示：

表4-1　　**反映经营绩效各项指标及特性**

指标	计算/解释	类型	
净资产收益率(ROE)	税后净利/净资产	正向	盈利能力
承保利润率(UPR)	税后净利/保费收入	正向	
人均净利润(NPPE)	税后净利/员工人数	正向	营运能力
资本保值增值率(CMA)	当期净资产/上期净资产	正向	发展能力

资料来源：作者根据相关文献整理所得。

(二)自变量

从前面对智力资本计量方法的综述可知，每一种计量方法都有适合的条件，各有优劣。本书考虑了资料的可获取性、数据的特征

① Shiu H. J. The Application of the Value Added Intellectual Coefficient to Measure Corporate Performance: Evidence from Technological Firms [J]. International Journal of Management, 2006, 23(2): 356-365.

② Chan K. H. Impact of Intellectual Capital on Organizational Performance: An Empirical Study of Companies in the Hang Seng Index (Part 2) [J]. The Learning Organization, 2009, 16(1): 22-39.

和本书的研究目的，借鉴 Pulic(1998)①和 Chen et al. (2005)②的研究思路，用智力资本增值系数(VAIC)来衡量中国寿险业的智力资本。由于寿险行业属于金融服务业，按照前述的经营特殊性，关系资本(客户资本)在经营过程中起到重要的作用，应予单列显示。而 Pulic(1998)的智力增值系数是以二元论为基础的，目前学术界认可的三元论更适合中国寿险业智力资本分析和测量，Jamal A. Nazari and Irene M. Herremans(2007)考虑到上述缺陷，对智力增值系数(VAIC)模型进行了扩展，把其中的结构资本分为组织资本(OC)和客户资本(CC)进行计量③。因此，本研究的自变量是智力资本和它的四个元素：人力资本效率(HCE)、组织资本效率(OCE)、客户资本效率(CCE)和物质资本(CEE)。VAIC 反映了某种投入资源在单位货币上获取的价值增加，依据 Jamal A. Nazari and Irene M. Herremans(2007)的扩展模型④，VAIC 可以表示如下：

$$VAIC = CEE + HCE + SCE + CCE$$

本书将上面公式中的 VAIC、CEE、HCE、SCE 和 CCE 分别作为解释变量——智力资本、物质资本、人力资本、结构资本和客户资本的替代变量。各变量的具体计算过程如下：

1. 计算寿险公司的价值增值(VA)

$$VA = OUT - IN$$

---

① Pulic A. Measuring the Performance of Intellectual in Knowledge Economy [EB/OL]. http://www.vaic-on.net/download/Papers/Measuring% 20the%20performance%20of%20Intellectual%20Potential.pdf.

② Chen M. C, Cheng S., Hwang Y. An Empirical Investigation of the Relationship between Intellectual Capital and Firm's Market Value and Financial Performance [J]. Journal of Intellectual Capital, 2005, 6(2): 159-176.

③ Jamal A., Nazari, Irene M. H. Extended VAIC Model: Measuring Intellectual Capital Components [J]. Journal of Intellectual Capital, 2007, 8(4): 595-609.

④ Jamal A., Nazari, Irene M. H. Extended VAIC Model: Measuring Intellectual Capital Components [J]. Journal of Intellectual Capital, 2007, 8(4): 595-609.

上式中，VA 表示寿险公司的价值增值，OUT 表示寿险公司的产出，IN 表示除去职工薪酬后的总费用。考虑到财务报表披露的现实情况，为了较为准确地获取计算所需要的数据，在实际计算时以寿险公司营业总收入代替其产出，以(总成本-职工薪酬)代替其总投入，最后的计算公式如下：

$$VA=TI-TC+EC$$

其中，TI 为寿险公司的总经营收入(Total Operating Income)，TC 为寿险公司的总成本(Total Costs Incurred)，EC 为寿险公司的职工薪酬总额(Employee Compensation)。此公式中把职工薪酬从总成本中扣除，是因为 VAIC 并没有把工资费用作用一项投入考虑，而是把劳动力当作价值创造的实体，这表明了与工资相关的费用没有作为成本考虑，而是当成一项投资。

2. 计算物质资本增值系数(CEE)

$$CEE=VA/CE$$

上述公式中，VA 是上述计算的寿险公司的价值增加，CE 代表公司物质资本(Capital Employed)，即寿险公司净资产，CEE 表示每单位的物质资本所创造的价值增值，CEE 越高，表明公司的物质资本贡献率越高。如前所述，本变量引入的根本原因在于 Pulic(1998)认为，离开了物质资本的存在，智力资本将不能发挥作用。

3. 计算人力资本增值系数(HCE)

$$HCE=VA/HC$$

如前所述，VA 是计算的寿险公司的价值增加，HC 代表公司总薪金与工资，根据财务报表项目的反映内容，从费用明细表中的支付给工人的工资和薪酬反映。HCE 表明每单位人力资本投入所创造的价值增值，HCE 越高，表明公司的人力资本贡献率越高。

4. 计算结构资本增值系数(SCE)

VAIC 模型假设结构资本等于价值增加减去人力资本：SC = VA-HC。根据 Amal A. Nazari and Irene M. Herremans(2007)的研

究分类，结构资本由客户资本和组织资本构成，即：$SC=CC+OC$。因而 Pulic(1998) 提出 $SCE=SC/VA=(VA-HC)/VA$。根据 Jamal A. Nazari 等对 SC 的分解，可得出 SCE 同时可以用下面公式表述：$SCE=SC/VA=(CC+OC)/VA=CC/VA+OC/VA$，这个过程实现了智力资本二元论向三元论的转变，根据前述的二元论和三元论对结构资本概念的界定，二元论下的结构资本包含的内容和三元论下的结构资本和客户资本(关系资本)包含的内容基本相同。据上述公式可知，三元论下的结构资本增值系数可以用组织资本代替，即 $SCE=OC/VA$，由于组织资本主要创新资本(以研究开发支出代替)和过程资本(以管理费用代替)，而考虑寿险行业研究金融服务业特点后，以维持寿险公司正常运行的管理费用(AC)来代替结构资本支出，最终得出三元论下寿险公司的结构资本为：

$$SCE=AC/VA$$

其中，AC 用公司当年的管理费用代替。它所代表的经济含义并不违反 Pulic 构建 VAIC 模型的设想。

5. 计算关系资本(客户资本)增值系数

从(4)中对二元论下结构资本的分解可知，客户关系(客户)资本)可以表述为：

$$CCE=CC/VA$$

其中，CC(Consumer Capital)代表了寿险公司的关系(客户)资本)，它是寿险公司为了促进产品的销售和更好地完成后续服务而花费的费用，也是寿险公司为了开拓市场与外部客户、利益相关者建立和保持良好的社会关系而进行宣传及公关费用，本书中以销售费用代替。

(三)虚拟变量和控制变量

为了减少其他可能影响智力资本和绩效关系变量的影响，本书选择以下变量作为控制变量：

1. 公司规模(FSIZE)

对公司总资产账面价值取自然对数。规模经济能够提高寿险公司的获利能力，因而不同规模的寿险公司获利能力是不一样的。

Riahi-Belkaoui(2003)①，Abidin et al.(2009)和国内学者张宗益(2010)②、刘超(2009)③等研究发现，在一定条件下，绩效和企业规模成正比。考虑到总资产以元为单位的数额巨大，在进行分析时采用取自然对数的方法对其进行处理。

2. 财务杠杆系数(LEV)

如前所述，寿险公司属于高负债行业，站在控制财务风险和保障资金安全的角度考虑，寿险公司需要适度负债经营。Williams(2000)研究指出，过度的负债会使企业主要集中于债权人的需求，这就违背了与智力增值系数(VAIC)和增加值(VA)相一致的利益相关者观点，或者，过度负债会使资金安全性缺乏，而需要以较高的利润率吸引投资者④。与先前研究(Firer and Williams，2003⑤；Shiu，2006⑥；Chan，2009⑦)相一致，财务杠杆系数=负债总额/资产总额。

3. 公司成立年限(AGE)

依据前述的研究假设及前人的研究成果，公司员工的经验、专

① Riahi-Belkaoui. Intellecutal Capital and Firm Performance of US Multinational Firms [J]. Journal of Intellectual Capital，2003，6(12)：125-134.

② 张宗益，韩海东. 基于协同机理的智力资本转化路径研究 [J]. 商业研究，2010，12：72-77.

③ 刘超，原毅军. 智力资本对企业经营绩效的实证研究 [J]. 东北大学学报，2008，1：32-35.

④ Williams M. The Association between Gender and Ethnic Diversity of Board Structure on the Intellectual Capital Performance of Publicly Listed Companies from an Emerging Economy：Evidence from South Africa [EB/OL]. http：//www.vaic-on.net/download/Paper3.pdf.

⑤ Firer S.，Williams M. Intellectual Capital and Traditional Measures of Corporate Performance [J]. Journal of Intellectual Capital，2003，4(3)：348-360.

⑥ Shiu H. J. The Application of the Value Added Intellectual Coefficient to Measure Corporate Performance：Evidence from Technological Firms [J]. International Journal of Management，2006，23(2)：356-365.

⑦ Chan K. H. Impact of Intellectual Capital on Organizational Performance：An Empirical Study of Companies in the Hang Seng Index(part2) [J]. The Learning Organization，2009，16(1)：22-39.

业技能和知识，包括员工的创新能力、工作技巧会随着他在企业中的工作年限的增加而提高。Wen-Min Lu，Wei-KangWang，Qian Long Kweh(2014)研究发现寿险公司的人力资本(HC)在1%的显著水平上和公司成立年限显著相关①。本书借鉴国外学者的研究成果，对公司成立年限取自然对数。

4. 国内资金企业(DOM)

外资保险公司会随着自身优势和经营需求，进行国际直接投资。谭君强(2013)按照市场类别对选取的12个具有代表性的国家，以其2005—2010年的数据为样本研究发现，不同市场类别的寿险市场，外资和国内寿险企业的经营绩效存在着较大的区别。Wen-Min Lu，Wei-KangWang，Qian Long Kweh(2014)研究成果发现国内资金企业和国外资金企业在绩效上存在着较大差别②。鉴于此，本书借鉴国外研究成果，引入DOM为虚拟变量，如果没有外资入股，DOM=1；反之为0。

二、研究模型的构建

根据前述的研究假设，本书构建如下模型考察智力资本整体及构成要素与中国寿险业经营绩效之间的关系。

$$Perf_{it} = \beta_0 + \beta_1 VAIC_{it} + \beta_2 vaic_{it-1} + \beta_3 Control\ \mathrm{var}\ iable_{it} + \varepsilon_{it} \quad (模型1)$$

$$Perf_{it} = \beta_0 + \beta_1 HCE_{it} + \beta_2 SCE_{it} + \beta_3 CCE_{it} + \beta_4 CEE_{it} + \beta_5 HCE_{it-1} + \beta_6 SCE_{it-1} + \beta_7 CCE_{it-1} + \beta_8 CEE_{it-1} + \beta_9 Control\ \mathrm{var}\ iable_{it} + \varepsilon_{it} \quad (模型2)$$

Jaccard et al.(1990)通过对回归模型加入交乘项研究变量来测

① Wen-Min Lu, Wei-Kang Wang, Qian Long Kweh. Intellectual Capital and Performance in the Chinse Life Insurance Industry [J]. Omega, 2014, 2(42): 65-74.

② Wen-Min Lu, Wei-Kang Wang, Qian Long Kweh. Intellectual Capital and Performance in the Chinse Life Insurance Industry [J]. Omega, 2014, 2(42): 65-74.

试自变量与因变量之间的调节作用。Martin Clarke(2011)①在研究智力资本与公司绩效之间关系时，发现人力资本、结构资本在影响公司绩效时，通过物质资本起着调节作用。为了更加详细地探究中国寿险业智力资本对经营绩效的影响，并探索智力资本各构成要素与智力资本之间的影响路径，本研究引入了人力资本与物质资本、结构资本与物质资本、关系资本与物质资本三个交乘项。构建模型如下：

$$Perf_{it} = \beta_0 + \beta_1 HCE_{it} + \beta_2 SCE_{it} + \beta_3 CCE_{it} + \beta_4 CEE_{it} + \beta_5 HCE_{it-1} + \beta_6 SCE_{it-1} + \beta_7 CCE_{it-1} + \beta_8 CEE_{it-1} + \beta_9 HCE_{it} \times CEE_{it} + \beta_{10} SCE_{it} \times CEE_{it} + \beta_{11} CCE_{it} \times CEE_{it} + \varepsilon_{it} \quad \text{(模型 3)}$$

上述模型中，Perf 代表公司的经营绩效，是由公司的净资产收益率(ROE)、承保利润率(UPR)、人均利润率(NPPE)和资本保值增值率(CMA)经过数据处理后得到。VAIC 代表智力增值系数，HCE 代表人力资本效率，SCE 代表结构资本效率，CEE 代表客户资本增值系数。β_0 表示常数项，i 表示公司，t 表示年份(2007—2013)。Control variable 指前面假设的公司规模(FSIZE)、财务杠杆系数(LEV)、公司成立年限(AGE)、国内资金企业(DOM)。

第三节　数据来源

由于我国 2006 年颁布了新的会计准则，考虑到准则推行和实施具有滞后性，加上本书从动态的视角研究智力资本和经营绩效之间的关系，因而本书以 2007—2013 年寿险公司为研究对象。数据来源于 2007—2013 年《中国保险统计年鉴》，其中部分数据来源于保监会网站资料和企业年报数据。从中国保险年鉴上获取的 2013 年年底中国寿险公司总共 73 家，由于平安养老、太平养老、国寿养老、长江养老、泰康养老、安邦养老这 6 家公司经营业务与寿险公司存在较大差异，因而予以剔除；中国人寿保险公司于 2002 年

① Martin Clarke. Intellectual Capital and Firm Performance in Australia [J]. Journal of Intellectual Capital, 2011, 4(14): 1469-1930.

开始进行股份制改革，因而对于国寿存续、国寿存续(合并)的数据不予考虑，只考虑《中国统计年鉴》上关于国寿股份的数据。华城人寿一直处于在筹状态，因而也予以剔除。最终，本研究获得了64家人寿保险公司作为研究对象。在64家寿险公司中，中资寿险公司为36家，外资寿险公司为28家。

表4-2 **本书涉及的人寿保险公司一览表**

公司名称	成立年限	是否外资	公司名称	成立年限	是否外资
安邦人寿	2010	中资	前海人寿	2012	中资
百年人寿	2009	中资	人保健康	2005	中资
北大方正	2002	外资	人保寿险	2005	中资
长城人寿	2005	中资	瑞泰人寿	2004	外资
长生人寿	2003	外资	生命人寿	2001	中资
德华安顾	2013	外资	太保寿	1991	中资
东吴人寿	2012	中资	太平人寿	2001	中资
复星保德信	2012	外资	泰康	1996	中资
工银安盛	2005	外资	天安人寿	2000	中资
光大永明	2002	中资	新光海航	2009	外资
国华人寿	2004	中资	新华	1996	中资
国寿股份	1996	中资	信诚人寿	2000	外资
国泰人寿	2004	外资	信泰人寿	2007	中资
海康人寿	2003	外资	幸福人寿	2007	中资
合众人寿	2005	中资	阳光人寿	2005	中资
和谐健康	2006	中资	英大人寿	2007	中资
恒安标准	2003	外资	友邦人寿	1992	外资
宏康人寿	2012	中资	招商信诺	2003	外资
华汇人寿	2011	中资	正德人寿	2006	中资
华泰人寿	2005	外资	中德安联	1999	外资

续表

公司名称	成立年限	是否外资	公司名称	成立年限	是否外资
华夏人寿	2006	中资	中法人寿	2006	外资
汇丰人寿	2009	外资	中韩人寿	2011	外资
吉祥人寿	2012	中资	中航三星	2005	外资
建信人寿	1998	中资	中荷人寿	2002	外资
交银康联	2010	外资	中宏人寿	1996	外资
君龙人寿	2008	外资	中美联泰	2011	外资
昆仑健康	2005	中资	中融人寿	2010	中资
利安人寿	2011	中资	中新大东方	2006	外资
民生人寿	2012	中资	中意人寿	2002	外资
农银人寿	2005	中资	中英人寿	2003	外资
平安健康	2005	外资	中邮人寿	2009	中资
平安寿	1988	中资	珠江人寿	2012	中资

资料来源：作者根据《中国统计年鉴》、中国保监会网站等相关资料整理。

在数据处理时，本书对数据作了如下筛选处理：(1)剔除了财务数据和经营数据缺失的公司；(2)剔除了再保险公司。经过上述处理，本书共得出64家公司的424个研究对象。由于各公司成立年限并不相同，上述数据从时间序列上讲是非平衡的，对于非平衡面板，Stata 11.0采用xtbalance自动进行处理，同时考虑部分公司数据缺失的影响，最终Stata 11.0对322条符合条件的数据进行处理。

第五章　中国寿险业智力资本与经营绩效关系的实证研究

第一节　中国寿险业智力资本与经营绩效关系的实证分析

本节着重对中国寿险业智力资本与经营绩效之间的关系进行实证研究。首先对各变量进行描述性统计，通过对各变量相关系数矩阵的关系分析，发现各变量之间相关性强弱及其影响方向，作为下一步分析变量间相互作用的基础。为了确定智力资本与各经营绩效指标之间关系的模型，首先对各变量进行单位根检验，以分析数据的平稳性，然后再依据面板数据模型的相关理论，确定各经营绩效指标所对应的是模型种类。最后，在对相关模型回归分析的基础上，探究中国寿险业智力资本与经营绩效之间的关系。

一、描述性统计

本书需要用净资产收益率(ROE)、承保利润率(UPR)、人均净利润(NPPE)、资本保值增值率(CMA)来衡量中国寿险业的经营绩效，所以先对反映经营绩效和智力资本的指标进行描述性统计及分析。

表5-1列示了各相关研究变量的均值、中位数、标准差、最大值和最小值。从表5-1可以看出，322个被观测数据反映的中国寿险公司净资产收益率(ROE)的最大值为7.0231，最小值为-4.5668，均值为-0.1576，且该指标的均值小于中位数(左偏分布)。整体来讲，中国寿险业的净资产收益率反映出大多数公司处

于亏损状态，均值-0.1576小于中位数更支持了上述事实，标准差为0.6939，反映出净资产收益率波动幅度不大。从表中可以得知，承保利润率(UPR)、人均净利润(NPPE)与净资产收益率(ROE)的分布特征基本相同(左偏)，大部分公司处于亏损状态，最大值和最小值之间的差距以及标准差大小反映各样本公司的承保利润率的变化幅度比净资产收益率(ROE)小。

表5-1　　**各变量的描述性统计**

变量	Obs	Mean	中位数	Std. dev	Min	Max
ROE	322	-0.1576	-0.0754	0.6939	-4.5668	7.0231
UPR	322	-0.5584	-0.0626	4.9168	-81.7565	2.9682
NPPE	322	-69154.6	-77902.95	154844.1	-799925.6	496495.9
CMA	322	1.5882	1.0940	4.9981	-30.8437	68.1318
CEE	322	0.7590	0.0235	1.0119	-2.909666	15.9405
HCE	322	0.3114	0.1953	2.0351	-14.80691	9.0469
SCE	322	34.9066	0.8867	682.6825	-839.6511	12209.14
CCE	322	-1.0705	0	31.3811	-530.3658	180.2946

资料来源：作者根据本研究数据采用Stata 11.0计算所得。

物质资本增值系数(CEE)的最大值15.9405，最小值是-2.9097,均值为0.7590，该均值(0.7590)大于中位数(0.0235)，说明中国寿险业的物质资本增值系数(CEE)较多地集中在均值的右侧(右偏)，标准差为1.0119反映了物质资本增值系数的集中度。人力资本增值系数(HCE)和结构资本增值系数(SCE)也具有大体相同的分布特征，但结构资本的变化幅度相较而言偏大。关系资本(CCE)的分布则刚好相反，均值(-0.1075)小于中位数(0)，反映了关系资本的分布较多地集中在左侧，且变化幅度较大。

二、相关分析

本研究的各主要研究变量的相关性分析结果见表5-2。从表5-2可知，在四个反映经营绩效的指标中，人均净利润(NPPE)和净资产收益率(ROE)、承保利润率(UPR)正相关，相关系数都在0.14

以上，且都通过了显著性水平为0.05的检验。在反映智力资本的四个变量中，物质资本增值系数(CEE)资本与净资产收益率、人均净利润(NPPE)显著相关；人力资本增值系数(HCE)与净资产收益率(ROE)、承保利润率(UPR)、人均净利润(NPPE)显著相关，且相关系数都在0.2以上；结构资本增值系数(SCE)和关系资本增值系数(CCE)则与上述各项指标相关性不强，且结构资本与大部分指标都呈负相关关系。由此可以看出，寿险公司的营运能力与其盈利能力具有较为显著且正相关的关系。物质资本则主要与企业的盈利能力和营运能力相关，但与企业的发展能力关系不大；人力资本与企业的盈利能力、营运能力具有较为显著的相关关系，且相关系数都在0.2以上。

表5-2 **各变量之间的pearson相关系数**

	ROE	UPR	NPPE	CMA	CEE	HCE	SCE	CCE
ROE	1.0000							
UPR	0.0029	1.0000						
NPPE	0.3581*	0.1450*	1.0000					
CMA	0.0242	-0.0454	0.0412	1.0000				
CEE	0.4060*	0.0192	0.2304*	0.0046	1.0000			
HCE	0.2352*	0.4340*	0.7058*	0.0317	0.1946*	1.0000		
SCE	-0.0021	0.0062	-0.0359	-0.0005	-0.0030	-0.0060	1.0000	
CCE	0.0139	-0.0023	0.0532	0.0046	0.0081	0.0163	0.0766	1.0000

注释：*表示相关系数在5%的水平上显著。

资料来源：作者根据本研究数据，采用Stata 11.0计算所得。

三、数据的平稳性检验

为了避免伪回归，确保估计结果的准确性，必须对各面板序列的平稳性进行检验，而检验数据平稳性最常用的办法就是单位根检验。面板数据的单位根检验方法有很多种，一般我们只选择两种：同质面板的单位根检验(LLC检验)和异质面板的单位根检验(IPS检验)。每种检验的零假设均为是H_0：有单位根。在零假设下，统计量服从渐近正态分布，绝对值较大的负值意味着拒绝零假设。Fish-ADF 作为异质单位根检验的一种方法，能够克服 IPS 检验的不足。上述三个检验结果都不能拒绝原假设时，则认为时间序列是非平稳的，而只要其中有一个检验结果拒绝了零假设，则认为时间序列是平稳的①。表 5-3 显示了各变量单位根检验结果。从表 5-3 可以得知，除了承保利润率(UPR)，其他各个变量在三种检验方法下，都拒绝存在单位根的假设，因而数据是平稳的；承保利润率(UPR)在两种异质单位根(IPS 和 Fish-ADF)检验下，也拒绝了存在单位根的假设，因而数据也是平稳的。

表 5-3　　**各变量单位根检验结果**

	ROE		UPR		NPPE		CMA	
	统计量	*P* 值	统计量	*P* 值	统计量	*P* 值	统计量	*P* 值
LLC	-46.1596	0.0000	13.0914	1.0000	-24.9262	0.0000	-18.5716	0.0000
IPS	-3.1897	0.0007	-9.4287	0.0000	-2.6336	0.0042	-4.3816	0.0000
Fish-ADF	43.1001	0.0000	12.3418	0.0000	11.3719	0.0000	10.3161	0.0000
	CEE		HCE		SCE		CCE	
	统计量	*P* 值	统计量	*P* 值	统计量	*P* 值	统计量	*P* 值
LLC	-33.3471	0.0000	-21.0749	0.0000	-14.8369	0.0000	-2.8e+02	0.0000
IPS	-4.5628	0.0007	-3.6586	0.0000	-9.6776	0.0000	-6.3910	0.0000
Fish-ADF	64.5185	0.0000	21.6934	0.0000	59.7227	0.0000	14.6666	0.0000

注释：以上各检验的具体统计量表达式见苏良军(2005)②或 Hall P.(1999)③。零假设皆为 H_0：有单位根。在零假设下，统计量服从渐近正态分布，绝对值较大的负值意味着拒绝零假设。

资料来源：作者根据本研究数据，采用 Stata 11.0 计算所得。

---

① 李子奈，刘亚清．现代计量经济学模型体系解析［J］．经济学动态，2010(5)：22-31.

② 苏良军．部分线性固定效应面板数据模型的一致性估计［J］．实际数量经济学，2005(6)：32-39.

③ Hall P., Wolf R. C L, Yao Q. Methods of Estimating a Conditional Distribution Function［J］. Journal of the American Statistical Association, 1999 (94)：154-163.

四、模型的确定

对于面板数据模型的估计，目前有三种估计方法，一是混合OLS模型(Pool OLS)；二是固定效应模型(Fixed Effect)；三是随机效应模型(Random Effect)，本书选择Stata 11.0进行模型选择，对每个模型的确定都依据下列步骤严格执行：

(1)先进行混合模型和固定效应模型估计，并进行Wald检定。根据模型检验结果，若F检验的P值为0，则拒绝原假设，表明混合效应模型比固定效应模型更加有效；反之，接受原假设，采用固定效应模型比较有效。

(2)随机效应模型和混合模型的选择：进行BP检定，若F检验的P值为0，则拒绝原假设(随机干扰项不存在显著差异)，选择随机效应模型。

(3)固定效应模型与随机效应模型选择：首先做随机效应模型，并进行Hausman检验，若P值为0，拒绝原假设，采用固定效应模型比较合适；反之，则选择随机效应模型。

通过Stata 11.0软件，利用上面建立的面板数据的相关回归模型，以净资产收益率(ROE)指标为例，对混合回归模型、固定效应模型和随机效应模型进行了相应的检验。检验结果如表5-4所示。

通过上面的检验结果可以得知，Wald检验的统计量F所对应的P值为0.0126小于0.05，在5%水平上拒绝原假设，因而接受固定效应模型优于混合效应模型；B-P检验的统计量卡方值所对应的P值为0.0000，在5%水平应拒绝原假设，因而接受混合模型优于随机效应模型；Hausman检验的统计量所对应的P值为0.4612，接受原假设，即随机效应模型优于固定效应模型。因此，从上述的分析可知，净资产报酬率(ROE)与智力资本关系分析采用随机效应模型比较合适。为了节省篇幅，反映经营绩效的其他指标与智力资本关系的模型确定过程进行省略，最终模型确定结果如表5-5所示。

表 5-4　　智力资本各构成要素与净资产收益率(ROE)
模型筛选过程与结果

	Fe 与 Pool OLS		Re 与 Pool OLS		Fe 与 Re	
	Wald 检验		B-P 检验		Hausman 检验	
原假设	U_ i=0		Var(u)= 0		Corr(u_ i, x_ it)= 0	
	F 值	*P* 值	*F* 值	*P* 值	*F* 值	*P* 值
模型	1.6	0.0126	86.98	0.0000	6.2	0.4612

资料来源：作者根据本研究数据，采用 Stata 11.0 计算所得。①

表 5-5　　反映经营绩效各指标模型筛选结果

变量	ROE		UPR		NPPE		CMA	
	模型 1	模型 2	模型 1	模型 2	模型 1	模型 2	模型 1	模型 2
Hausman	0.4012	0.9587	0.0061	0.4649	0.000	0.0000	0.000	0.0147
模型类型	Re	Re	Fe	Re	Fe	Fe	Fe	Fe

注释：(1)如前所示，模型 1 是不考虑上一期智力资本对经营绩效影响的值；模型 2 是考虑上一期智力资本对经营绩效影响。(2)对于固定效应模型需要考虑的异方差与序列相关问题，本书在 Stata 11.0 输出最终回归结果中予以解释。

资料来源：作者根据本研究数据，采用 Stata 11.0 计算所得。

---

①　关于智力资本整体与经营绩效之间的关系，本书按照前述的模型确定步骤对其进行确定，并作了相关的模型检验，智力资本整体与四个反映经营绩效的指标(ROE、UPR、NPPE 和 CMA)对应的 R^2 值分别为：0.001、0.001、0.0004、0.0000；相应的模型 *P* 值分别为 0.9826、0.8923、0.8691、0.9924。同时也作了上期智力资本整体与当期经营绩效之间相互关系的模型检验，检验结果也显示二者之间关系不显著。从上述结果可知：(1)智力资本整体与经营绩效之间的关系并不显著，即研究假设 H1a 没有得到检验；(2)上期智力资本整体与当期经营绩效之间的关系也不显著，即研究假设 H2a 也没有得到检验。为了节约篇幅，本书在此陈述结果，而对具体的过程和步骤予以省略。相关实证研究结果可发邮件获取。

五、实证结果分析

从表 5-6 可以看出，模型 1 的 4 个回归结果的 R^2 值分别为 0. 2311、0. 3809、0. 4917、0. 0890，说明作为因变量的经营绩效有至少 23. 11%可以由智力资本解释。模型的整体 *F* 值(Wald chi2)值在 1%的水平下的显著相关，说明整体解释水平较好。模型 2 的四个回归结果的 R^2 分别为 0. 3132、0. 3865、0. 3977、0. 1166，说明作为因变量的当期和上期智力资本对经营绩效的解释力度良好，*F*(wald chi2)在 1%的水平下显著相关。

(一)当期智力资本各构成要素对当期经营绩效有直接影响

作为本书研究的基础，首先利用中国寿险业经营绩效和智力资本相关数据对模型 1 进行验证。表 5-6 显示了以智力资本各构成要素为自变量(物质资本、人力资本、结构资本、关系资本)、以反映经营绩效的四个指标(净资产收益率、承保利润率、人均净利润、净资产保值增值率)为因变量之间的回归结果。模型 1 显示了智力资本各构成要素与经营绩效之间的关系。模型 2 对本书研究假设 2 进行了验证，该模型中显示了当期智力资本各构成要素、上期智力资本的各构成要素与企业当期经营绩效之间的关系。

在表 5-6 中的模型 1 中，可以得知：当期智力资本各构成要素和当期经营绩效关系较为显著。即：当期的物质资本(CEE)和人力资本(HCE)对中国寿险业的经营绩效影响较为显著；当期结构资本(SCE)对经营绩效的影响不显著；当期关系资本(CCE)对人均利润率的影响显著。就物质资本而言，其对企业的净资产收益率影响最为显著，且在 1%的水平下显著相关。从系数值来看，物质资本与关系资本对承保利润率的影响为反方向的，但影响水平并不显著。物质资本对资本保值增值率的影响为反方向，系数值为 −0. 568，且在 10%的显著水平下显著相关。在反映经营绩效的四个指标中，净资产收益率和承保利润率与智力资本的模型 R^2 值分别为 0. 2311 和 0. 3809，模型在 5%的显著性水平下显著性相关。

由上述实证结果分析可知：(1)当期物质资本和企业的净资产收益率、人均净利润、资本保值增值率具有显著的正相关关系，在验证本书的研究假设 H1e 的基础上，也支持了智力资本增值系数的创始人 Pulic(1998)把物质资本纳入智力增值系数考虑的动机。(2)当期人力资本和企业净资产收益率、承保利润率、人均净利润显著呈正相关，企业员工所拥有的专业技能、相关学历、职业资格等属于员工头脑中的知识对企业的承保利润率、人均净利润影响显著，与净资产收益率影响较为显著，且相关系数比较大。这支持了本研究假设 H1b。(3)结构资本与企业的经营绩效关系不显著，研究假设 H1c 没有得到验证。这个研究结论和 Martin(2011)的研究结论相似。在 Martin 的研究结论中，甚至得出结构资本与企业利润增长率和人均净利润为负的结论。究其原因，可能跟我国寿险业各家公司的组织机构设置基本相同，而对反映组织结构运行效率的数据我们无法获取，因而出现了结构资本与企业经营绩效关系不显著的研究结论。(4)关系资本与经营绩效的影响为正且显著。验证了本书的研究假设 H1b。其中关系资本对人均净利润的影响最为显著。关系资本(客户资本)对人均净利润的显著影响恰好反映出寿险经营的自身特点——产品需要推销完成。

(二)上期智力资本各构成要素对当期经营绩效有直接影响

模型 2 在考虑当期智力资本与当期经营绩效关系的同时，考虑了上期智力资本对当期经营绩效的影响。就净资产收益率而言，当期物质资本和上期物质资本对其都有显著的影响，且相关系数均为正；当期人力资本和上期人力资本对当期承保利润率均有显著影响，且在 1%的显著水平上显著相关，就相关系数而言，当期人力资本对承保利润率的影响是同向的，而上期人力资本对经营绩效的影响则为反向的。资本保值增值率与智力资本的关系上，加入上年智力资本后反应比较明显，如表 5-6 所示，不考虑上期物质资本与经营绩效关系时，物质资本对资本保值增值率影响在 10%的水平上显著相关。而考虑上期物质资本与经营绩效关系时，物质资本对资本保值增值率的影响变得更加显著，反映在1%的水平下显著相关；且上期物质资本对当期资本保值增值率具有显著的影响，在1%的水平上显著相关。与上述其他三项反映了经营绩效的指标不同，人均净利润指标在加入上期智力资本影响因素时，其反映并不明显，即上期智力资本对当期人均净利润没有显著的影响。

由上述实证结果分析可知：(1)上期的物质资本对中国寿险业的经营绩效中净资产收益率有显著的正向影响作用，从这个指标上讲，研究假设H2e得到验证。上期的物质资本对资本保值增值率的影响显著，但方向相反，这可能是因为基期物质资本越大，越难以实现净资产的增长。(2)上期的人力资本对承保利润率影响显著，但是上期人力资本对承保利润率的影响系数为负，这和原假设H2b并不相同。这可能是因为随着时间的推移，员工的技能与企业文化契合程度越来越高，因而会出现上一年系数值为负，当年系数值为正的结论。正如耿爽(2013)所得出的结论一样，员工的知识技能、经验随着他在企业中的工作年限的增加而提高。(3)上期结构资本对企业的经营绩效影响不显著，原假设H2c没有得到验证，这可能因为企业结构资本如：企业文化、管理过程、管理哲学等很难改变或形成，而当期的结构资本对企业经营绩效的影响不显著，因而上期结构资本与当期经营绩效也没有关系。为了探索研究结构资本与企业经营绩效的关系，后面我们会考虑加入交乘项进行回归分析。(4)上期的关系资本对经营绩效的影响并不显著。假设H2d也没有得到验证。这可能和寿险产品的经营特点有关，由于寿险产品的保费收入有首年保费和总保费之分，而两种衡量指标的结果有时候是相反的①，仅利用一种指标衡量企业的绩效有时候可能会掩盖一些现实的情况，而关于寿险公司首年保费的资料无法获取，因而会出现一些系数值为负的相反结论。

---

① 万峰．寿险公司经营管理之道［M］．北京：中国金融出版社，2011：133.

表 5-6 智力资本与经营绩效关系的当期和上期模型回归表

	因变量							
	ROE		UPR		NPPE		CMA	
	Cofficients	t-statistic	Cofficients	t-statistic	Cofficients	t-statistic	Cofficients	t-statistic
Panel A：model 1								
Constant	−0. 6019	−1. 87 *	−1. 0188	−0. 25	−3. 6e+05	***	2. 087	
CEE	0. 2686	7. 82 ***	−0. 3782	0. 106	1. 0e+04	*	−0. 568	*
HCE	0. 0356	1. 68 *	1. 5583	9. 77 ***	3. 5e+04	***	0. 186	
SCE	0. 0000	0. 20	0. 0001	0. 43	1. 515		0	
CCE	0. 0001	0. 16	−0. 0024	−0. 32	358. 072	***	0. 00000835	
R^2(with in)	0. 2311		0. 3809		0. 4917		0. 0890	
F 值/卡方值	86. 98/0. 000		27. 69/0. 000		141. 01/0. 000		21. 34/0. 0038	
Panel B：model2								
Constant	−0. 7118	−1. 98 **	1. 9889	0. 87	−487956. 2	−4. 67 ***	−1. 7406	−0. 27
CEE	0. 2239	6. 37 ***	−0. 3184	−1. 29	10002. 77	1. 95 *	−1. 0439	−3. 30 ***
HCE	0. 0313	1. 41	1. 5743	10. 23 ***	32008. 61	8. 96 ***	0. 2717	1. 23
SCE	0. 0000	0. 18	−0. 0002	−0. 49	2. 205622	0. 30	0. 0003	0. 07
CCE	0. 0001	0. 12	−0. 0006	−0. 08	332. 0865	2. 06 **	−0. 0001	−0. 01
CEE_{t-1}	0. 2048	−5. 79 ***	−0. 0181	0. 07	1243. 348	0. 24	−0. 1340	−4. 20 ***
HCE_{t-1}	0. 0162	0. 59	−0. 5185	−2. 71 ***	−1927. 258	−0. 44	0. 0458	0. 17

续表

	因变量							
	ROE		UPR		NPPE		CMA	
	Cofficients	t-statistic	Cofficients	t-statistic	Cofficients	t-statistic	Cofficients	t-statistic
SCE_{t-1}	0. 0005	0. 27	-0. 0018	-0. 13	101. 6891	0. 35	-0. 0054	-0. 30
CCE_{t-1}	-0. 0013	0. 37	-0. 0069	0. 28	-228. 6048	-0. 46	0. 0075	0. 24
R^2(with in)	0. 3132		0. 3865		0. 3977		0. 1166	
F 值/卡方值	114. 60/0. 0000		152. 84/0. 0000		14. 52/0. 0000		2. 9/0. 0020	

注释：(1)对于随机效应模型，模型系统检验的是 *F* 值；对于固定效应模型，模型系统检验的 Wald chi( )值。

(2)对于固定效应模型而言，within R^2 比较好地反映模型的拟合程度，对于随机效应模型却不完全适用，为了便于显示，作者也采用 within R^2 进行反映。

(3)对于随机效应模型，由于模型在设定的时候已经考虑了异方差的问题，因而只有在固定效应模型中才考虑异方差的存在，如前所述，NPPE 和 CMA 是固定效应模型，因此需要对其做异方差和序列相关检验。Stata 11.0 采用 xttest3 进行检验，并可以选择运用 robust 对异方差的稳健性进行估计。通过上述检验，NPPE 模型存在异方差，在处理异方差的时候，即可以中性化也可以把它分组进行检验，本书选择了第一种。文章还提供了关于固定效应模型、考虑异方差之后的固定效应模型以及序列相关的模型比较。关于 NPPE 和 CMA 动态模型中，由于考虑提前一起损失了部分自由度，加上本研究数据属于大 N 小 T 型的，因此系统无法做序列相关检验。

(4)cma 指标在进行模型拟合时，发现 cma 与智力资本关系不明显，本书进行了把智力资本相关因素滞后一期、滞后二期，发现其关系显著，Stata 提供了模型比较的结果。因和本书研究主题相关不大，因而没有提供结果。

(5) * 代表在 10%的置信水平下显著；**代表在 5%置信水平下显著；***代表在 1%置信水平下显著。

(6)资料来源：作者根据模型计算所得。

(三)当期智力资本构成要素对企业经营绩效有间接影响

加入交乘项以后，模型3存在着多重共线性。Jaccard et al (1990)①，Meyers et al(2006)②认为，对预测变量集中化和调节变量可以作为加入交乘项后出现多重共线性的解决措施之一，然而负值会引起更多问题。一些学者考虑把变量划分等级，但是这不能解决共线性问题；一些学者推荐在各主体间运用单因素双尾检验的方差分析(ANOVA)来解决上述问题③。Meyers et al.(2006)认为，方差分析(ANOVA)与OLS虽然有相似之处，但在测试调节作用的时候更多推荐采用方差分析的方法。运用方差分析的方法解决共线性问题是把反映绩效的指标进行分组并编码，每一组对应的智力资本因素也伴随分组。为了给出直观的研究结果，本研究把剔除交乘项后的模型也进行方差分析，并在表5-6中和有交乘项的模型3予以对比显示。表中的Partial eta Squared(η^2)用来测量每个个体效应的方差解释百分比。

表5-7给出了物质资本与中国寿险业经营绩效之间的调节关系结果。在该表中给出了两个ANOVA模型，可以探索性地研究智力资本间的调节作用。偏η^2用来测量每个个体带来的变异占总变异来源的比值，是方差分析中应用的一种效应值估计量，可用来比较效应的强度。从表中可以看出，就模型整体而言，加入交乘项的ANOVA模型和不含交乘项的ANOVA模型的Adjust R^2相较而言，都有所提高(如：ROE模型的Adjust R^2为0.5279>0.2573，其他结果如表所示)，表明模型的解释力度有所增强，这个发现说明在智

① Jaccard J., Turrisi R., Wan C. K. Intellectual Effects in Multiple Regression Analysis[M]. Newbury Park: sage ca, 1990.

② Meyers L., Gamst G., Guarino A. J. Applied Mutivariate Research: Design and Interpretation [M]. Thousand Oakes: Sage Publications, 2006.

③ Martin Clarke. Intellectual Capital and Firm Performance in Australia [J]. Journal of Intellectual Capital, 2011, 4(14): 1469-1930.

力资本各变量间可能存在着调节作用。就净资产收益率而言，考虑调节作用的模型使得人力资本和关系资本的作用凸显，在5%的水平下显著相关，同时三个交乘项也高度相关。承保利润率模型中，考虑调节作用的模型使物质资本的作用显著，同时 CEE ∗ HCE、CEE ∗ CCE 也在5%水平下显著相关。人均净利润模型和资本保值增值率模型的 AR^2 有所提高，虽然加入的交乘项并不显著，但是提高的 AR^2 仍暗示了调节作用的存在。

由上述实证结果可知：(1)物质资本和人力资本的交互作用对中国寿险业经营绩效有显著的影响，假设 H3a 得到验证。净资产收益率模型中，CEE ∗ HCE 之间的交互作用在1%水平下显著相关；在承保利润率模型中，CEE ∗ HCE 之间的交互作用在5%的水平下显著相关。因而有一半的经营绩效都与 CEE ∗ HCE 的交互作用有显著关系。就偏 η^2 而言，净资产收益率模型中的 CEE ∗ HCE 值是 HCE 值的近4倍，解释力度大大提高；承保利润率中的 CEE ∗ HCE 是 HCE 值的近3倍，资本保值增值率模型中的偏 η^2 值则为2倍。最高的偏 η^2 显示 CEE ∗ HCE 的交互作用能够解释净资产收益率模型中变量的7.92%。(2)物质资本和结构资本的交互作用对中国寿险业经营绩效有显著的影响，假设 H3b 得到验证。净资产收益率模型中，CEE ∗ SCE 的交互作用在1%的水平下显著相关。人均净利润模型和资本保值增值率模型中 CEE ∗ SCE 的交互作用虽然并不显著，但是偏 η^2 比提高3~5倍。最高的偏 η^2 显示 CEE ∗ SCE 的交互作用能够解释净资产收益率模型中变量的6.23%。(3)物质资本和关系资本的交互作用对中国寿险业经营绩效有显著的影响，假设 H3c 得到验证。净资产收益率模型和承保利润率模型中，CEE ∗ CCE 之间的交互作用均在5%水平下显著相关。与 CEE ∗ HCE 相同，中国寿险业经营中有一半的经营绩效都与 CEE ∗ CCE 的交互作用有显著关系。就偏 η^2 而言，净资产收益率模型中的 CEE ∗ CCE 值与 CCE 值的大体相同，解释力度略显提高。

表 5-7 **加入交乘项的中国寿险业经营绩效的 ANOVA 分析结果**

	因变量							
	ROE		UPR		NPPE		CMA	
	Partial η^2	*F*	Partial SS	*F*	Partial SS	*F*	Partial SS	*F*
模型 3 的方差分析								
Constant	0.0042	0.54	0.0092	0.77	0.0005	0.05	0.1147	9.84***
CEE	0.2274	28.91***	0.0286	2.40**	0.0219	2.21*	0.0010	0.09
HCE	0.0216	2.74**	0.0184	1.54	0.2033	20.44***	0.0045	0.38
SCE	0.0041	0.52	0.0156	1.30	0.0027	0.27	0.0055	0.47
CCE	0.0204	2.60**	0.0146	1.23	0.0201	2.02*	0.0104	0.89
CEE_{t-1}	0.0105	1.06	0.0119	0.80	0.0019	0.15	0.0038	0.26
HCE_{t-1}	0.0077	0.98	0.0076	0.64	0.0124	1.25	0.0106	0.91
SCE_{t-1}	0.0010	0.13	0.0002	0.02	0.0114	1.15	0.0115	0.99
CCE_{t-1}	0.0083	1.06	0.0053	0.44	0.0111	1.12	0.0084	0.72
CEE * HCE	0.0792	8.05***	0.0446	2.99**	0.0134	1.08	0.0095	0.65
CEE * SCE	0.0623	7.92***	0.0076	0.64	0.0152	1.53	0.0160	1.37
CEE * CCE	0.0203	2.58**	0.0282	2.37**	0.0121	1.22	0.0146	1.25
R^2/ A	0.6014/0.5279		0.1954/0.05		0.7807/0.7403		0.2286/0.0863	

续表

	因变量							
	ROE		UPR		NPPE		CMA	
	Partial η^2	F	Partial SS	F	Partial SS	F	Partial SS	F
F-value	8. 18***		1. 32*		19. 30***		1. 61***	
剔除交乘项后								
Constant	0. 0044	0. 43	0. 0073	0. 57	0. 0004	0. 04	0. 1146	9. 83***
CEE	0. 1971	19. 31***	0. 0270	2. 10*	0. 0195	1. 97*	0. 0079	0. 68
HCE	0. 0136	1. 33	0. 0218	1. 70	0. 2128	21. 54***	0. 0061	0. 53
SCE	0. 0053	0. 52	0. 0020	0. 15	0. 0025	0. 25	0. 0005	0. 05
CCE	0. 0045	0. 44	0. 0145	1. 13	0. 0247	2. 5**	0. 0015	1. 23
CEE_{t-1}	0. 0166	1. 30	0. 0097	0. 60	0. 0034	0. 28	0. 0027	0. 18
HCE_{t-1}	0. 0046	0. 45	0. 0022	0. 17	0. 0110	1. 12	0. 0117	1. 01
SCE_{t-1}	0. 0192	1. 88	0. 0008	0. 06	0. 0131	1. 32	0. 0145	1. 25
CCE_{t-1}	0. 0103	1. 01	0. 0008	0. 06	0. 0113	1. 15	0. 0132	1. 13
R^2/ A	0. 3429/0. 2573		0. 1126/−0. 0030		0. 7677/0. 7374		0. 1875/0. 0817	
F-value	4. 01***		0. 97		25. 37***		0. 0055	

资料来源：作者根据模型计算所得。

第二节　不同绩效组的中国寿险业智力资本与经营绩效的关系分析

为了探讨不同绩效组的智力资本与中国寿险业经营绩效之间的关系，本节采用分组的方法，把中国寿险业的经营绩效分为三组来探究不同绩效组中的智力资本与经营绩效之间的关系。

一、分组标准

本节首先采用因子分析方法对衡量中国寿险业经营绩效的 4 个指标求因子得分(相关 KMO 和巴特莱特球体检验省略)，并计算出综合得分，据此综合得分把中国寿险公司的经营绩效分为三组：高绩效组(Zscore>2/3)109 个、中等绩效组(1/3<Zscore≤2/3)107 个、低绩效组(Zscore≤1/3)106 个；然后对其进行描述性统计及各组回归分析对比。

二、分组的描述性统计

表 5-8 中面板 A 显示了 322 家样本公司的总样本均值及各组别对应变量的均值，面板 B 是每个组别各年份的公司数目及其百分比。从表中可以看出，中等绩效组和低绩效组的盈利水平都处于亏损状态，特别是保费增长率三组均值全部为负。

表 5-8　　**按经营绩效分组后各指标的描述性统计结果**

面板 A：各组变量均值比较				
	总样本均值	Zscore≤1/3	1/3<Zscore≤2/3	Zscore>2/3
ROE	-0.1576	-0.630906	-0.1003242	0.2465967
UPR	-0.5584	-1.514433	-0.0835864	-0.0947643
NPPE	-69154.6	-223925.2	-70799.64	82971.15
CMA	1.5882	0.4899981	1.336756	2.903109
CEE	0.7590	-0.2809948	0.1805979	0.320183

续表

面板 A：各组变量均值比较				
	总样本均值	Zscore≤1/3	1/3<Zscore≤2/3	Zscore>2/3
HCE	0.3114	-1.101303	0.2047931	1.789725
SCE	34.9066	103.6382	0.9422934	1.407664
CCE	-1.0705	-5.401815	1.553103	0.5661692

面板 B：每组公司的数目								
组别	总数	2007	2008	2009	2010	2011	2012	2013
Zscore≤1/3	106	18	26	18	9	14	11	10
		16.98%	24.53%	16.98%	8.49%	13.21%	10.38%	9.43%
1/3<Zscore≤2/3	107	16	13	16	19	13	17	13
		14.95%	12.15%	14.95%	17.76%	12.15%	15.89%	12.15%
Zscore>2/3	109	12	7	12	18	19	18	23
		11.01%	6.42%	11.01%	16.51%	17.43%	16.51%	21.11%

资料来源：作者根据本研究数据，采用 Stata 11.0 计算所得。

整体来看，中国寿险业的营运能力欠佳，人均净利润只有在高绩效组是正值，在其他两组都是负的；资产保值增值率在三个组中均为正值，说明中国寿险业具有较好的发展能力。从智力资本各构成要素来看，物质资本、人力资本的分布趋势与经营绩效的各组均值分布趋势大体相同，结构资本和关系资本的分布则没有明显规律。

三、分组实证结果分析

(一)不同绩效组下的净资产收益率实证结果分析

表 5-9 提供了不同绩效分组下的净资产收益率回归结果对比。从表中可以看出，三个模型在 1%的水平下均显著。(1)物质资本在三个组中反映都很显著，均在 1%的水平下显著相关，且相关系数为正值，表明对净资产收益率的作用是同向的。从相关系数而

言，低绩效组的公司更需要物质资本的投入，高绩效组的公司次之，而中等绩效组公司的物质资本系数只有 0.0302，相对较小。(2)人力资本在高绩效组和低绩效组都在 1%水平下显著相关，且相关系数为负值。而在中等绩效组仅在 10%水平下显著相关，相关系数为正值。(3)结构资本和关系资本在各组中与经营绩效的关系没有显著差异，但在高绩效组的相关系数为负值，低绩效组和中等绩效组系数接近于 0。

表 5-9　　**不同经营绩效分组下的 ROE 回归结果对比**

	ROE1		ROE2		ROE3	
	coefficient	t-statistic	coefficient	t-statistic	coefficient	t-statistic
-cons	0.4384	1.76*	−0.3601	−3.08***	−.0612	−0.14
CEE	1.3873	24.17***	0.0302	3.98***	1.2187	22.11***
HCE	−0.0420	−2.73***	0.0146	1.72*	−0.382	−3.47***
SCE	4.05e−06	0.23	0.00052	1.05	−0.0323	1.52
CCE	0.0000569	−0.14	0.0018	−1.54	−0.0321	−0.65
Rsize	−0.0492	−1.91**	−0.2465	−3.08***	0.0282	1.05
Lev	−0.4383	1.76*	−0.3601	−3.08***	−0.3547	−1.24
R^2	0.8854		0.3166		0.8991	
F−value	774.36***		35.53***		633.97***	

注释：(1) * 代表在 10%的置信水平下显著；** 代表在 5%置信水平下显著；*** 代表在 1%置信水平下显著；(2) Stata 11.0 在拟合回归模型时，没有提供调整的 R^2。本书还和前面表 5-8 一样，提供 within R^2。

资料来源：作者根据本研究数据，采用 Stata 11.0 计算所得。

由上述实证结果可知：(1)物质资本对企业的净资产收益率有显著的正向影响作用，特别是低绩效组公司和高绩效组公司，中等绩效组公司的系数值相对较小。这个结论验证了前述的假设 H1a，因而寿险公司应重视物质资本的投入。(2)人力资本和净资产收益率显著相关，高绩效组和低绩效组相应值为负，中等绩效组的值比较接近于零。这个研究结论和 Martin(2011)部分相同，他的研究中得出人力资本和反映经营绩效指标之一的收入增长率系数为负。

(二)不同组下的承保利润率实证结果分析

表 5-10 提供了不同绩效分组下的承保利润率的回归结果对比。从表中可以看出，低绩效组和高绩效组的模型在 1%的水平下均显著，而中等绩效组模型并不显著。(1)物质资本仅在低绩效组中反映显著(显著水平为 1%)，但是系数为负值，表明对承保利润率的作用是反向的。原因如前所述，由于选取的衡量寿险公司的绩效指标不同，使得结论会完全相反。中等绩效组的系数几乎为零。(2)人力资本在高绩效组和低绩效组都显著，且系数为正值。而在中等绩效组系数非常接近于零。(3)结构资本在高绩效组中显著，在低绩效组和中等绩效组几乎为零，且并不显著。(4)关系资本在高绩效组中的回归系数在 10%的水平下显著，但相关系数为负值，低绩效组和中等绩效组系数接近于 0。

表 5-10　　**不同经营绩效分组下的 UPR 回归结果对比**

	UPR1		UPR2		UPR3	
	coefficient	t-statistic	coefficient	t-statistic	coefficient	t-statistic
-cons	8. 1536	1. 52	-0. 3968	-1. 40	-11. 1045	-6. 13***
CEE	-3. 7119	-2. 86***	0. 0064	0. 60	-0. 3954	-1. 32
HCE	3. 8039	10. 57***	-0. 0026	-0. 22	0. 1285	1. 92*
SCE	-0. 0002	-0. 58	0. 0007	1. 01	0. 2615	2. 30**
CCE	0. 0035	0. 0095	-0. 0021	-0. 65	-0. 5413	-1. 96*
Rsize	-1. 0519	-1. 87*	-0. 0331	1. 41	0. 0654	0. 50
Lev	8. 4446	2. 17**	-0. 1078	-0. 87	11. 3025	7. 41***
R^2	0. 7009		0. 06		0. 6931	
F-value	200. 86***		3. 88		98. 60***	

资料来源：作者根据本研究数据，采用 Stata 11. 0 计算所得。

由上述实证结果可知：(1)高绩效组的承保利润率和人力资本、结构资本及关系资本显著，说明企业提高盈利能力不一定需要物质资本的投入，重视和运用好关系资本、结构资本可以提高企业的承保利润率。关系资本和承保利润率的系数为负值可能原因如前已述。(2)低绩效组的承保利润率和物质资本、人力资本在1%水平下显著。就其系数而言，物质资本的系数值为负，这可能说明物质资本投入并不必然引起经营绩效的增加，对于承保利润率而言，负值的出现可能原因如前所述，也有可能低绩效组的公司没有恰当地运用物质资本。人力资本对低绩效组的影响显著且系数为正，说明在低绩效组中，应更加重视人力资本的开发和管理。

(三)不同组下的人均净利润实证结果分析

表5-11提供了不同绩效分组下的人均净利润的回归结果对比。从表中可以看出，三组模型在1%的水平下均显著：(1)人力资本在三个绩效组中均在1%水平下显著，且系数为正值。高绩效组的系数值最大，中等绩效组的系数值最小。(2)结构资本在中等绩效组中在10%的水平下显著，且相关系数为正值。(3)关系资本在高绩效组、中等绩效组中的回归系数在10%的水平下显著，但相关系数为负值。

表5-11　　**不同经营绩效分组下的NPPE回归结果对比**

	NPPE1		NPPE2		NPPE3	
	coefficient	t-statistic	coefficient	t-statistic	coefficient	t-statistic
-cons	-228934.8	-2.18**	-259837.3	-4.87***	-322089.9	-3.54***
CEE	-1152.645	-0.05	3513.022	0.94	-10252.97	-0.54
HCE	28246.81	5.01***	11091.19	2.68***	30185.77	6.46***
SCE	2.017941	0.32	461.418	1.88*	3509.848	0.49
CCE	23.75708	0.14	-1020.557	-1.78*	-30548.72	-1.68*

续表

	NPPE1		NPPE2		NPPE3	
	coefficient	t-statistic	coefficient	t-statistic	coefficient	t-statistic
Rsize	10757. 91	-1. 01	13540. 86	2. 6***	10818. 79	1. 53
Lev	-118231. 2	-1. 74*	8500. 561	0. 23	218639. 6	2. 37**
R^2	0. 2726		0. 0889		0. 3702	
F-value	29. 28***		28. 41***		88. 69***	

资料来源：作者根据本研究数据，采用 Stata 11. 0 计算所得。

由上述实证结果可知：(1)高绩效组的人均净利润和人力资本的显著正向关系说明重视人力资本的建设和运用能够提高企业的人均净利润。这个研究结论和 Martin(2001)以不分行业的公司为样本的研究结论相同。从人均净利润的特点分析，人力资本的重视和开发有利于人均净利润的提高，人均净利润和关系资本的显著负相关关系可能和中国寿险业人才流动率过快有关。(2)与高绩效组经营绩效与智力资本的相关关系基本相同，中等绩效组的人均净利润和结构资本在10%水平下显著相关，且相关系数为正值。结构资本对人均净利润的影响系数随着人均净利润的增加而逐渐增加，但当达到一定程度时，这种影响关系又开始不显著。

(四)不同组下的资本保值增值率的实证结果分析

表 5-12 提供了不同绩效分组下的资本保值增值率的回归结果对比。从表中可以看出，高绩效组模型在 1%的水平下显著，中等绩效组在 10%水平下显著。人力资本只有在中等绩效组中在 10%水平下表现显著，且系数均为负值。叶安琪(2013)以中国 2007—2011 年的上市银行为样本，也得出了人力资本与经营绩效关系为负值的结论。

表 5-12　　不同经营绩效分组下的 **CMA** 回归结果对比

	CMA1		CMA2		CMA3	
	coefficient	t-statistic	coefficient	t-statistic	coefficient	t-statistic
−cons	5. 4740	1. 19	2. 8503	2. 79***	28. 4450	3. 24***
CEE	−0. 6499	−0. 65	−0. 0814	−1. 23	0. 0536	0. 03
HCE	−0. 1085	−0. 43	−0. 1400	−1. 88*	−0. 4272	−0. 97
SCE	0. 0000	0. 12	−0. 0059	1. 35	−0. 2729	−0. 40
CCE	−0. 0034	−0. 45	−0. 0106	−1. 03	1. 8162	1. 06
Rsize	−0. 5280	−1. 13	−0. 1012	−1. 04	−0. 3065	−0. 45
Lev	1. 5337	0. 51	−0. 1402	−0. 20	−23. 2682	−2. 66***
R^2	0. 0466		0. 1362		0. 1221	
F−value	2. 83		10. 4*		16. 48***	

资料来源：作者根据本研究数据，采用 Stata 11. 0 计算所得。

第三节　不同环境下中国寿险业智力资本与经营绩效关系分析

一、不同企业规模下智力资本与经营绩效关系的差异分析

从表 5-6 至表 5-12 所示，控制变量规模（RSIZE）对企业的经营绩效有一定的影响。国内学者林嘉楠（2008）以 1998—2006 年 16 家有代表性的保险公司为样本，研究发现中国保险公司整体上存在着轻微的规模经济效应，大规模的保险公司并不比小规模的保险公司具有更明显的规模经济效应①。何晓夏、章林（2008）的实证分析

① 林嘉楠．我国保险公司规模经济实证研究［J］．保险研究，2008，3（7）：40-43.

支持了上述结论，因而应寻找适度的规模以实现现阶段我国保险产业的规模经济与产业效率①。本节将在继承上述结论的基础上，进一步研究不同规模下的中国寿险公司经营绩效与智力资本之间关系的差别。

（一）分组标准

何晓夏、章林（2008）的研究结论认为，按照保险产业的适度生存法则进行区分，中国保险业的适度规模为当年市场份额的10%～25%②。本书以此为依据，对2007—2013年度各家寿险公司的市场份额进行计算并据此分组，为下面的研究奠定基础。

（二）分组描述性统计

表5-13面板A显示了322家样本公司的总样本均值及各组别对应变量的均值。面板B显示了每个组别各年份的公司数目及其百分比。从表中可以看出，市场份额在10%～25%组中的净资产收益率均值（-0.1351）、承保利润率均值（-0.3974）、资本增值保值率均值（3.9834）都比其他两组值高，并且分别高于全样本均值。其人均净利润均值则为三组中最小。

从智力资本各构成要素来看，物质资本、人力资本、结构资本的均值随着市场份额的增加而逐渐增加，而关系资本则表现突出，以0.3057绝对高于其他两种的均值和总样本均值。

表5-13　按适度规模分组后各指标的描述性统计结果

面板A：各组变量均值比较				
	总样本均值	AS≤10%	10%<AS ≤25%	AS>25%
ROE	-0.1576	-0.1708	-0.1351	-0.1602
UPM	-0.5584	-1.3314	-0.3974	-0.4846

① 何晓夏，章林．论中国保险产业的适度规模［J］．保险研究，2008，5（5）：24-26.

② 何晓夏，章林．论中国保险产业的适度规模［J］．保险研究，2008，5（5）：24-26.

续表

面板 A：各组变量均值比较

	总样本均值	AS≤10%	10%<AS ≤25%	AS>25%
PCPM	-69154.6	-71922.45	-78124.26	-66989.12
CMA	1.5882	2.0477	3.9834	1.0483
CEE	0.7590	0.0287	0.0438	0.0887
HCE	0.3114	-0.0093	0.2258	0.3723
SCE	34.9066	-7.0348	1.2826	47.3465
CCE	-1.0705	-0.9080	0.3057	-1.3668

面板 B：每组公司的数目

组别	总数	2007	2008	2009	2010	2011	2012	2013
AS≤10%	241	31	32	34	34	35	36	39
		12.86%	13.28%	14.11%	14.11%	14.52%	14.94%	16.18%
10%<AS ≤25%	48	6	5	6	7	7	8	9
		12.5%	10.42%	12.5%	14.58%	14.58%	16.67%	18.75%
AS>25%	33	4	5	4	4	4	6	6
		12.12%	15.15%	12.12%	12.12%	12.12%	18.18%	18.19%

资料来源：作者根据本研究数据，采用 Stata 11.0 计算所得。

(三)分组实证结果分析

1. 不同规模分组下的净资产收益率回归结果分析

表 5-14 提供了不同适度规模分组下的净资产收益率的回归结果对比。从表中可以看出，三个组的模型均在 1%的水平下显著：(1)物质资本在三个组别中均在 1%水平下显著相关，且相关系数为正，随着市场份额的增加，物质资本与净资产收益率的系数值逐渐降低。(2)人力资本在三个组别中也与净资产收益率显著相关，相关系数随着市场份额的增加而逐年增加。人力资本与经营绩效的回归系数在适度规模分组的前两组皆为负值。(3)结构资本和关系资本在适度规模低于 5%的组中显著但相关系数为负值。

表 5-14 **不同适度规模分组下的 ROE 回归结果对比**

	ROE1		ROE2		ROE3	
	coefficient	t-statistic	coefficient	t-statistic	coefficient	t-statistic
-cons	-0.9635	-1.14	-0.5042	-3.08***	-1.0008	-3.61***
CEE	1.6131	28.5***	1.5406	31.28***	0.0930	3.44***
HCE	-0.1721	-2.88***	-0.0814	-6.27***	0.0358	2.16**
SCE	-0.0083	-2.26**	0.0010	0.75	0.0000	0.44
CCE	0.0733	2.25**	0.0016	0.22	0.0001	0.24
Rsize	0.0693	0.82	0.0546	3.91***	0.1124	4.82***
Lev	-0.2224	-0.51	-0.550	-4.54***	-0.8915	-4.47***
R^2	0.9928		0.9841		0.2033	
F-value	1305.77***		1007.43***		63.39***	

注释：*代表在10%的置信水平下显著；**代表在5%置信水平下显著；***代表在1%置信水平下显著；

资料来源：作者根据本研究数据，采用Stata 11.0计算所得。

由上述实证结果可知：(1)按照适度规模分组，市场份额在25%以上的组中，其净资产收益率与物质资本、人力资本显著相关。物资资本系数在三组中最小，其原因可能因为物质资本增值系数与净资产收益率计算公式较为相近，随着公司规模的提高，差别项(单位净资产的应付职工薪酬)也逐渐减少。(2)按照适度规模分组后，市场份额在10%—25%的组中，人力资本在1%水平下显著，但系数为负值。从我国寿险业发展的历程来看，占市场份额大的公司大多数是成立年限比较长的，按照中国寿险经营的盈亏平衡年特征，公司在经营的第7年才可能实现第一年盈利①，这可能是人力资本(第一组和第二组中)为负值，但是也显著的原因之一。(3)结

① Chan K. H. Impact of Intellectual Capital on Organizational Performance: An Empirical Study of Companies in the Hang Seng Index(part2) [J]. The Learning Organization, 2009, 16(1): 22-39.

构资本和关系资本仅在第一组中与经营绩效关系显著，但相关系数都接近于零。由于本研究采用管理费用作为量化结构资本增值系数的指标，而管理费用是企业净利润的扣减项，因而会出现系数为负的情况。

2. 不同规模分组下的保费增长率回归结果分析

表 5-15 提供了不同适度规模分组下的承保利润率的回归结果对比。从表中可以看出，三个组的模型均显著。除了人力资本，物质资本、结构资本和关系资本在三个组别中均不显著。而人力资本只在市场占有率超过 10%的后两组中显著，且相关系数为正，从回归系数来讲，随着市场占有率的增加，系数也呈上升趋势。

表 5-15　　**不同适度规模分组下的 UPR 回归结果对比**

	UPR1		UPR2		UPR3	
	coefficient	t-statistic	coefficient	t-statistic	coefficient	t-statistic
-cons	-10. 2185	-0. 90	-0. 6476	-1. 34	5. 9004	2. 71***
CEE	-0. 1079	-0. 12	-0. 0184	-0. 59	-0. 3369	-1. 35
HCE	0. 6027	0. 67	0. 1423	2. 09**	1. 5360	10. 36***
SCE	0. 0567	0. 86	-0. 0010	-0. 47	-0. 0002	-0. 45
CCE	-0. 4503	-0. 83	0. 0066	0. 86	0. 0003	0. 04
Rsize	-0. 2459	-0. 22	0. 0104	0. 66	-1. 2041	-6. 45***
Lev	14. 5996	2. 20**	-0. 0322	-0. 21	11. 7602	6. 71***
R^2	0. 0193		0. 7020		0. 4349	
F-value	13. 94**		15. 66**		146. 32***	

资料来源：作者根据本研究数据，采用 Stata 11. 0 计算所得。

由上述实证结果可知：在市场占有率超过 10%的后两组中，人力资本的提高有助于承保利润率的提高。承保利润为保费收入减去保险公司赔付支出、费用支出和剔除的未到责任保险金，承保利润率为承保利润除以保费收入。在市场份额低于 5%的第一组，一般是寿险公司设立以后需要经历的创立期。在此期间，寿险公司的保费结构呈现出新单保费多，续单保费少，此时由于保费规模小，没有达到规模效应，如果偿付率不足，还需要增加资本投入。这时的人力资本工作重心集中在适度开拓市场等方面，这可能是和承保利润率关系不显著的原因之一。

3. 不同规模分组下的人均净利润回归结果分析

表 5-16 提供了不同适度规模分组下的人均净利润的回归结果对比。从表中可以看出，三个组的模型均在 1%的水平下显著。(1)物质资本在市场占有率达到 10%时对人均净利润的影响开始显著，且系数为正值。在适度规模范围内(10%<AS ≤25%)的模型和系数值表现均很突出：1%水平下显著且回归系数为 74665. 84。(2)人力资本在三个组别中均与人均净利润显著相关，且在适度规模范围内(10%<AS ≤25%)的系数值比其他两组系数值都表现出较为突出的优势。(3)结构资本在市场份额小于 10%的组中在 5%水平下表现显著，回归系数与其他两个组的正值不同，为-2286. 66。(4)关系资本在适度范围内(10%<AS ≤25%)与人均净利润不显著，而其他两个组中均在 10%水平下显著，且系数也有较大差异，适度规模组为负值，其他两个组中为正值。

表 5-16　**不同适度规模分组下的 NPPE 回归结果对比**

	NPPE1		NPPE2		NPPE3	
	coefficient	t-statistic	coefficient	t-statistic	coefficient	t-statistic
-cons	-320308. 1	-1. 25	-377883. 7	-4. 18***	-438484. 6	-6. 76***
CEE	-8211. 86	-0. 49	74665. 84	2. 54**	9549. 37	1. 66*
HCE	39035. 55	2. 24**	53393. 79	6. 83***	33561. 46	9. 45***
SCE	-2286. 66	-2. 14**	362. 26	0. 50	0. 3782	0. 05
CCE	15842. 84	1. 65*	-2240. 00	-0. 54	278. 71	1. 67*
Rsize	38361. 42	1. 48	22056. 95	2. 82***	36553. 61	6. 78***
Lev	-307123. 1	-2. 35**	-27722. 56	-0. 41	-178179. 5	-4. 12***
R^2	0. 4818		0. 7914		0. 3931	
F-value	104. 44***		136. 56***		228. 79***	

资料来源：作者根据本研究数据，采用 Stata 11. 0 计算所得。

由上述实证结果可知：适度规模组（10%<AS ≤25%）的物质资本、人力资本、关系资本均表现出与其他组不同的显著水平，而其他两组却具有基本相同的显著水平和相同方向的系数值。按照适度规模理论，市场是根据不同的优胜劣汰规律，不同规律的企业竞争会筛选出效率较高的企业。(1)依据适者生存法则的适度规模理论，适度规模组的效率比其他两组效率高，能够较好地运用企业的资源，这可能是此组中物质资本和人力资本与其他两组相较显著且系数值为正的原因之一。(2)结构资本是企业完全拥有并控制的诸如管理文化、相关系统、管理过程等资本，量化时采用企业管理费用作为指标之一衡量，依据在适度规模理论分组的标准，第一组（AS≤10%）的市场份额表现在从无到有、从小到大、但始终难以突破，即经营效率相对较低，这可能是结构资本系数值为负的原因。(3)关系资本在适度规模组不显著，在其他两个组为正（且显著），这可能因为适度规模组已经具有规模经济的特征，而其他两组仍需对企业的消费忠诚度、企业品牌、业务合作等客户资本进行重视和管理。

4. 不同规模分组下的资本保值增值率的回归结果分析

表 5-17 提供了不同适度规模分组下的资本保值增值率的回归结果对比。从表中可以看出，三个组的模型均不显著。仅在市场份额低于 10%的组中，结构资本和关系资本显著。结构资本和企业的发展能力指标的回归系数为负，这个结论和 Martin(2011)的研究结论相同。物质资本和人力资本在任何组和资本增值保值率均不显著。上述结果可能说明智力资本各构成要素在不同规模分组下和企业的发展能力关系不显著。

表 5-17　　**不同适度规模分组下的 CMA 回归结果对比**

	CMA1		CMA2		CMA3	
	coefficient	t-statistic	coefficient	t-statistic	coefficient	t-statistic
−cons	1. 4175	0. 14	10. 4522	0. 95	1. 3720	0. 85
CEE	−0. 1901	−0. 22	0. 2214	0. 13	−0. 0414	−0. 26

续表

	CMA1		CMA2		CMA3	
	coefficient	t-statistic	coefficient	t-statistic	coefficient	t-statistic
HCE	0. 1513	0. 18	-0. 0916	-0. 22	0. 1017	1. 03
SCE	-0. 1267	-2. 02**	-0. 0494	-0. 55	0. 0000	0. 19
CCE	1. 1714	2. 27**	0. 0750	0. 22	-0. 0005	-0. 11
Rsize	0. 0588	0. 06	0. 5883	0. 79	0. 0278	0. 21
Lev	0. 1783	0. 00	-17. 4426	-2. 58***	-0. 9138	-0. 77
R^2	0. 1820		0. 0188		0. 008	
F-value	5. 78		8. 26		5. 2	

资料来源：作者根据本研究数据，采用 Stata 11. 0 计算所得。

二、不同成立年限下智力资本与经营绩效关系的差异分析

(一)分组标准

陈文辉(2008)在研究中国寿险经营规律时，根据寿险公司经营的长期性、不确定性和社会性的特征，从不同成长期公司对资金的需求角度、产品定价领域等角度出发，提出通过盈亏平衡年的分析方法可以解决上述问题①。业内统计认为，一般情况下，中国寿险公司第一年实现盈利是在开业第 7 年(每个企业由于投资收益获利能力不同，实现首年盈利的年度也不同，本书的研究考虑一般情况)，而在开业后第 11 年开始实现盈亏平衡。本书的研究依此来进行分组。从公司成立年限算起，成立年限在 7 年、11 年为界限进行分组，共分 3 组。

(二)分组描述性统计

从表 5-18 可以看出，企业的盈利指标和依据盈亏平衡年分组

① 陈文辉．中国寿险业经营规律研究——费用、盈亏平衡、资本需求[M]. 北京：中国财政经济出版社，2008：178.

显示的信息基本一致：在首次盈利年后，净资产收益率和保费增长率指标均值大体比相应总样本均值要大；从反映营运能力的指标来看，成立 11 年以上的公司的人均净利润指标比其他组别和平均水平要高；从资本保值增值率来看，成立年限在 11 年以上的公司的发展能力没有第一组和第二组高。上述指标的分布趋势和企业的经营周期、经营特点基本一致。物质资本、人力资本、结构资本在三个组中随着企业的经营周期而逐渐增加。

表 5-18　**按成立年限分组后各指标的描述性统计结果**

面板 A：各组变量均值比较

	总样本均值	Age≤7	7<Age ≤11	Age>11
ROE	-0.1576	-0.1708	-0.1351	-0.1602
UPR	-0.5584	-1.3314	-0.3974	-0.4846
NPPE	-69154.6	-71922.45	-78124.26	-66989.12
CMA	1.5882	2.0477	3.9834	1.0483
CEE	0.7590	0.0287	0.0438	0.0887
HCE	0.3114	-0.0093	0.2258	0.3723
SCE	34.9066	-7.0348	1.2826	47.3465
CCE	-1.0705	-0.9080	0.3057	-1.3668

面板 B：每组公司的数目

组别	总数	2007	2008	2009	2010	2011	2012	013
Age≤7	137	32	33	22	17	18	11	4
		23.36%	24.09%	16.06%	12.41%	13.14%	8.03%	2.91%
7<age ≤11	107	8	7	16	20	16	22	18
		7.48%	6.54%	14.95%	18.69%	14.95%	20.56%	16.83%
Age>11	78	5	6	8	9	13	13	24
		6.41%	7.69%	10.26%	11.54%	16.67%	16.67%	30.76%

资料来源：作者根据本研究数据，采用 Stata 11.0 计算所得。

(三)分组实证结果分析

1. 不同成立年限下的净资产收益率回归结果分析

表5-19提供了不同成立年限下的净资产收益率的回归结果对比。从表中可以看出，三个组的模型均显著：(1)物质资本在三个组中与净资产收益率的回归系数均为正值，且都在1%水平下显著。就系数值而言，第一组中的系数值最大。(2)人力资本在三个组中与净资产收益率关系在1%水平下显著，但在第一组中为负值，在后两组中为正值。(3)结构资本和关系资本在整个组中均不显著。

表5-19 **不同成立年限下的ROE回归结果对比**

	ROE1		ROE2		ROE3	
	coefficient	t-statistic	coefficient	t-statistic	coefficient	t-statistic
-cons	-0.2714	-0.69	-0.4669	-1.61	-0.3864	-1.31
CEE	1.4340	18.58***	0.0543	3.31***	0.1934	6.00***
HCE	-0.0623	-2.85***	0.1222	4.76***	0.0459	3.35***
SCE	0	-0.04	-0.0002	-0.14	0.0011	0.78
CCE	0.0113	0.78	0.0002	0.06	0.0013	-0.58
Rsize	0.0151	0.40	0.0879	3.54***	0.0210	1.22
Lev	-0.1099	-0.44	-1.1684	-5.24***	-0.0636	-0.22
R^2	0.7145		0.4601		0.5078	
F-value	353.11***		97.70***		73.84***	

资料来源：作者根据本研究数据，采用Stata 11.0计算所得。

由上述实证结果可知：在成立年限小于7年的组中，其净资产收益率的增长主要靠物质资本；人力资本对净资产收益率的影响在该组中的回归系数值为负，当企业开始有净利润时，人力资本和物质资本才开始发挥积极作用。由于寿险公司设立时经历的创立期，期间需要分摊法人机构的开办费用、筹建费用等，初创期的保费收入主要是新单保费，诸多因素导致寿险公司在开始经营时盈利为负值。人力资本与物质资本就公式而言在净资产收益率为负值时会出现相反方向。这可能是净资产收益率与人力资本在成立年限小于7年时显著为负的原因之一。

2. 不同成立年限下的承保利润率回归结果分析

表5-20提供了不同成立年限下的承保利润率的回归结果对比。从表中可以看出，三个组的模型均显著：(1)物质资本仅在成立年限小于7年的第一组中和承保利润率关系显著，但回归系数为负值。(2)人力资本在三个组中与承保利润率关系在1%水平下显著，且系数值在三个组中，逐渐增加。(3)结构资本和关系资本只有在成立年限超过11年的成熟期才和承保利润率相关，结构资本与承保利润率的系数值为正，关系资本与承保利润率的系数值为负。

表5-20　　**不同成立年限下的UPR回归结果对比**

	UPR1		UPR2		UPR3	
	coefficient	t-statistic	coefficient	t-statistic	coefficient	t-statistic
-cons	6. 5136	1. 52	0. 6496	-0. 50	-0. 4638	-2. 32**
CEE	-1. 6559	-1. 96**	-0. 0228	-0. 26	0. 0152	1. 30
HCE	1. 9709	8. 25***	0. 3519	2. 82***	0. 0298	5. 42***
SCE	-0. 0002	-0. 49	-0. 0008	-0. 13	0. 0011	1. 97**
CCE	-0. 0978	-0. 62	0. 0017	0. 1	-0. 0015	-1. 66*
Rsize	-1. 3515	-3. 29***	-0. 1415	-1. 23	0. 0070	0. 69
Lev	14. 11397	5. 19***	2. 5987	2. 47***	0. 3423	2. 58**
R^2	0. 5227		0. 2787		0. 4865	
F-value	100. 87***		15. 08**		54. 39***	

资料来源：作者根据本研究数据，采用Stata 11. 0计算所得。

由上述实证结果可知：(1)在成立年限小于7年的组中，物质资本与承保利润率的回归系数为负值，由于寿险公司在初创期的保费结构比较单一，以新单保费居多，这可能是初创期物质资本与承保利润率回归系数为负值的原因之一。(2)正如表5-20中显示的人力资本与承保利润率之间关系一样。随着企业经营年限的增长，企业员工的经验、专业知识技能等体现在人身上的统称为人力资本的因素对企业经营绩效应该产生正向的影响。(3)陈文辉(2008)对寿险公司的经营规律研究认为，中国寿险公司进入成熟期以后，可以靠自身积累满足保费增长对偿付能力的要求，即通常所说的形成了良好的内部造血机制。内部运行机制作为企业结构资本的主要构成部分，在企业经营的成熟期(第 11 年以后)和承保利润率关系显著。(4)寿险公司在达到盈亏平衡后，即进入所谓的成熟期，很少再设立分支机构，业务规模稳定增长但是增速缓慢，因而对关系基本(客户资本)的需求相对较少，此时，销售费用的增加会引起企业经营绩效的减少。

3. 不同成立年限下人均净利润回归结果分析

表 5-21 提供了不同成立年限分组下的人均净利润的回归结果对比。从表中可以看出，三个组的模型均在 1%水平下显著。物质资本在成立年限小于 7 年的组中，与人均净利润显著相关；人力资本在三个组中与人均净利润均在 1%水平下显著相关。结构资本和关系资本在三个组别中和人均净利润关系均不显著。

表 5-21　　**不同成立年限下的 NPPE 回归结果对比**

	NPPE1		NPPE2		NPPE3	
	coefficient	t-statistic	coefficient	t-statistic	coefficient	t-statistic
-cons	651309. 2	-7. 48***	-285147. 3	-4. 18***	-355572. 1	-2. 41**
CEE	41353	2. 79***	1218. 445	0. 46	23326. 35	1. 26
HCE	21550. 59	4. 94***	81643. 2	16. 61***	57349. 19	7. 49***
SCE	0. 5252	0. 06	-31. 868	-0. 17	484. 0604	0. 61
CCE	2394. 225	0. 87	-157. 9332	-0. 38	-418. 4275	-0. 33
Rsize	53447. 54	6. 53***	11672. 24	2. 19**	16171. 23	1. 82*
Lev	-199072. 2	-3. 95***	22577. 88	0. 52	3741. 16	0. 4
R^2	0. 3874		0. 7355		0. 5185	
F-value	106. 46***		353. 12***		112. 6***	

资料来源：作者根据本研究数据，采用 Stata 11. 0 计算所得。

由上述实证结果可知：(1)处于初创期的寿险公司主要依靠物质资本提高人均净利润，其原因可能如前所述：创立期的寿险公司由于保费规模小，尚未达到规模效应，因而在财务上会表现出每年亏损，并且在开业前期还会出现亏损持续扩大的情况，因而其净资产、实际偿付能力不断下降，这时增加资本投入对人均净利润的影响比较敏感。(2)人力资本与人均净利润在三个组别中均显著，其中经营期间在第 7 年至 11 年组的系数值最大，从一个侧面反映了该组的人力资本利用效率最高。其次是成熟期，与成长期相比较而言，成熟期的业务增长速度比成长的缓慢，续保保费也比较高。此阶段的寿险公司投资业务对其影响越来越大，投资利润率的高低对利润产生至关重要的影响。因而，对寿险公司的销售人员所具有的人力资本才能依赖降低，因而相关系数较小。

4. 不同成立年限下的资本增值保值率回归结果分析

表 5-22 提供了不同成立年限分组下的资本保值增值率的回归结果对比。从表中可以看出，只有成立年限在 11 年以上的公司相关模型在 1%水平下显著。在该模型中，结构资本和关系资本与资本保值增值率在 10%水平下显著，其中，关系资本与资本增值保值率的相关系数为负。

表 5-22　　**不同成立年限下的 CMA 回归结果对比**

	CMA1		CMA2		CMA3	
	coefficient	t-statistic	coefficient	t-statistic	coefficient	t-statistic
-cons	0.7817	0.24	2.3913	0.35	4.40923	2.93***
CEE	0.0949	0.15	-0.0042	-0.01	-0.1009	-0.39
HCE	0.1106	0.63	-0.2107	-0.32	-0.0049	-0.05
SCE	0.0000	0.12	0.0075	0.23	0.0176	1.73*
CCE	0.0363	0.31	-0.0127	-0.17	-0.0285	-1.76*
Rsize	0.1383	0.45	0.3958	0.65	0.1153	1.18
Lev	-1.6750	-0.83	-6.4274	-1.16	-5.4453	-2.98***
R^2	0.015		0.06		0.2640	
F-value	1.34		1.43		15.51***	

资料来源：作者根据本研究数据，采用 Stata 11.0 计算所得。

由上述实证结果可知：(1)如前所述，中国寿险公司在经历了至少11个年度的经营以后，企业内部的管理过程、企业文化、信息系统等结构资本相关内容已经形成，因而对企业的增值保值率具有显著的正向作用。(2)如前所述，寿险公司在经营周期进入成熟期以后，利润的主要来源是投资收益率。在此期间，寿险公司的续保比较高，一般不会发生费差损。由于处于不同发展阶段的寿险公司，其财务表现的差异也非常大，加之上述的成熟期公司的财务特征，其销售费用所发挥的作用与其他周期相比应该较小，这可能是其相关系数为负的原因之一。

三、外资企业和中资企业智力资本与经营绩效关系的差异分析

随着加入世界贸易组织(WTO)和保险市场的开放，中国的保险业出现了飞速的发展，外资保险公司进驻中国市场后，势必对中国保险业产生影响。以寇业富等(2012)、刘宁宁(2013)、徐婧姝(2011)为代表的学者分别从市场竞争力、经营效率等多方面进行比较研究。本小节研究中资和外资寿险公司智力资本与经营绩效之间的关系。

(一)分组标准

前述表4-2显示，依据中国寿险公司是否有外资入股，本研究涉及中资寿险公司36家，外资寿险公司28家。在数据搜集和整理的时候，由于个别公司数据来源有限，或者刚开始经营没有财务数据，Stata 11.0在进行非平衡面板处理时，直接予以剔除，最终，本研究涉及的中资寿险公司为165个年度经营数据，外资寿险公司为157个年度经营数据。

(二)分组描述性统计

从表5-23所示的按照所有权性质分组后各指标的描述性统计结果，中资寿险公司的净资产收益率均值比外资寿险公司的净资产收益率均值要高，但是承保利润率均值(-0.8735)却远低于外资寿险公司(-0.2272)。中资寿险公司的人均净利润均值和资本保值增值率均值都比外资寿险公司相应均值高，同时也高于平均水平。从

智力资本的各构成要素来看，中资寿险公司的物质资本均值、人力资本均值、关系资本均值都比外资寿险公司要高，而结构资本均值却远低于外资寿险公司。

表 5-23　**按所有权性质分组后各指标的描述性统计结果**

面板 A：各组变量均值比较

	总样本均值	$F=1$	$F=0$
ROE	-0. 1576	-0. 1942	-0. 1227
UPR	-0. 5584	-0. 2272	-0. 8735
NPPE	-69154. 6	-85502. 59	-53599. 25
CMA	1. 5882	1. 3512	1. 8137
CEE	0. 7590	0. 0352	0. 1146
HCE	0. 3114	0. 2773	0. 3437
SCE	34. 9066	74. 5306	-2. 7962
CCE	-1. 0705	-2. 1855	-0. 0095

面板 B：每组公司的数目

组别	总数	2007	2008	2009	2010	2011	2012	2013
1	157	23	23	23	22	22	22	22
		14. 65%	14. 65%	14. 65%	14. 01%	14. 01%	14. 01%	14. 02%
0	165	23	23	23	24	24	24	24
		13. 94%	13. 94%	13. 94%	14. 54%	14. 54%	14. 55%	14. 55%

资料来源：作者根据本研究数据，采用 Stata 11. 0 计算所得。

（三）模型的确定

依据企业所有权性质进行分组后，所得到的是两个面板数据组。由于已经对整体数据进行了单位根检验，本节将直接进入模型的筛选过程。具体筛选过程如前所述，筛选结果如表 5-24 所示：

表 5-24 **反映经营绩效各指标模型筛选结果**

变量	ROE		UPR		NPPE		CMA	
	$F=1$	$F=0$	$F=1$	$F=0$	$F=1$	$F=0$	$F=1$	$F=0$
Hausman	0. 5587	0. 3623	<0	0. 5958	0. 3582	<0	0. 000	0. 0147
模型类型	Re	Re	Fe	Re	Re	Fe	Fe	Fe

注释：(1)Hausman 值为负值时，选择固定效应模型(连玉君)。(2)如前所述，固定效应模型需要做异方差检验和序列相关检验，由于篇幅有限，本分组研究只提供异方差检验之后的模型，其中过程省略。

资料来源：作者根据本研究数据，采用 Stata 11. 0 计算所得。

(四)分组实证结果分析

1. 不同所有权性质下净资产收益率的实证结果分析

表 5-25 提供了不同所有权性质下的净资产收益率的回归结果对比。从表中可以看出，两组的模型均显著：(1)物质资本在两个组中与净资产收益率的回归系数均为正值，且都在 1%水平下显著。就系数值而言，外资组中的系数值最大。(2)人力资本、结构资本、关系资本在两个组中与净资产收益率关系没有明显差异。

表 5-25 **不同所有权性质下 ROE 的回归结果比较**

	ROE1		ROE2	
	Coefficient	t-statistic	Coefficient	t-statistic
−cons	−0. 6084	−2. 92***	−0. 7119	−1. 21
CEE	1. 0760	18. 06***	0. 2456	5. 16***
HCE	−0. 0053	−0. 38	0. 0181	0. 55
SCE	5. 50e−06	0. 52	−0. 0005	−0. 09
CCE	−0. 0000	−0. 08	0. 0162	0. 36
Rsize	0. 0653	3. 56***	0. 0615	1. 38
Lev	−0. 5947	−6. 55***	−0. 4023	−0. 93
R^2	0. 8261		0. 2020	
Wald chi2/F	655. 82***		34. 33***	

资料来源：作者根据本研究数据，采用 Stata 11. 0 计算所得。

由上述实证结果可知：外资组的物质资本与净资产收益率的系数值比内资组的高出近5倍，这也侧面反映了外资组的物质资本使用效率比内资组的要高，即在其他条件都不变的情况下，物质资本每增加1个单位，外资组能使净资产收益率增加1.076倍，而内资组却只能增加0.2456倍。这可能是因为在较好的产品开发技术、展业方式及业务管理水平等方面的前提下，物质资本的投入能够更好地发挥作用。

2. 不同所有权性质下承保利润率的实证结果分析

表5-26提供了不同所有权性质下的承保利润率的回归结果对比。从表中可以看出，内资组模型在1%水平下显著，外资组的模型不显著。(1)物质资本、关系资本和承保利润率的关系在两组中没有显著的差异，均不显著。(2)外资组的人力资本与承保利润率之间的关系不显著，而内资组两者之间在1%水平下显著。(3)外资组的结构资本与承保利润率之间在1%水平下显著，而内资组两者之间并不显著。

表5-26　**不同所有权性质下UPR的回归结果比较**

	UPR1		UPR2	
	Coefficient	t-statistic	Coefficient	t-statistic
−cons	−0.5630	−0.30	0.3034	0.09
CEE	0.2231	0.46	−0.3787	−1.33
HCE	0.0126	0.11	1.5103	7.90***
SCE	0.0002	2.67***	0.0169	0.50
CCE	0.0002	−0.13	−0.1489	−0.55
Rsize	0.0293	0.18	−1.3860	−5.52***
Lev	−0.0912	−0.12	21.6938	8.51***
R^2	0.06		0.4754	
Wald chi2/F	1.31		146.63***	

资料来源：作者根据本研究数据，采用Stata 11.0计算所得。

由上述实证结果可知：(1)内资组中人力资本和承保利润率之间的显著正向关系表明，国内保险公司员工的专业技能、执业资格、企业精神等人力资本因素对企业的承保利润率关系敏感。国内有学者认为，外资保险公司有较为优厚的福利待遇、较强的流动性和较为灵活的分配制度等优点，但外资公司对中国市场表现水土不服①。这可能是外资组中人力资本与承保利润率关系不显著的原因之一。(2)内资组结构资本与承保利润率关系不显著，而外资组的两者关系显著，Koopmans 的研究认为，由于保险公司在竞争更为激烈的情况下，没有改变管理方式，因而使得原有部分资源的相对获利能力下降②。这从侧面反映了内资公司管理方式与现有高度竞争的市场模式之间的不协调。外资公司因为进入国内市场时间不长，因而不存在上述原因，加之外资保险公司在展业方式、业务管理水平等方面优于国内的保险公司，这可能是外资组的结构资本显著，而内资组结构资本不显著的原因之一。

3. 不同所有权性质下人均净利润的实证结果分析

表 5-27 提供了不同所有权性质下的人均净利润的回归结果对比。从表中可以看出，两组模型均在 1%水平下显著：(1)物质资本和人均净利润的关系在两组中均显著，就显著程度和回归系数而言，外资组的物质资本与人均净利润的关系表现突出，显著程度在 1%水平下相关，系数值为国内组的近 10 倍。(2)人力资本与承保利润率之间的关系在两组中都显著，且显著水平为 1%。从系数值来看，外资组的系数为内资组系数的近 3 倍。(3)结构资本、关系资本与承保利润率之间的关系在两组中均不显著。

人均净利润是反映企业创利能力的指标，反映企业的风险管控

① 徐婧姝，余玥．我国中外资寿险公司经营效率比较研究［J］．保险职业学院学报(双月刊)，2008，25(6)：57-62.

② 徐婧姝，余玥．我国中外资寿险公司经营效率比较研究［J］．保险职业学院学报(双月刊)，2008，25(6)：57-62.

能力①，陈彬(2011)认为，人均净利润反映了员工的效率②。由上述实证结果可知：(1)外资组的物质资本与人均净利润的正相关关系，说明外资组物质资本的提高能够引起人均净利润(员工效率指标)更大的提高，这个增加的幅度比内资组要高得多。这从侧面给外资寿险公司提高员工效率提供了方向。(2)人力资本与人均净利润的显著关系和 Martin(2011)的研究结论相同，国内学者通过对 SCAT 人寿保险公司的实证研究认为对于寿险公司而言，人力资本对公司整体价值总量和公司整体价值增值起着越来越重要的作用③。本研究发现外资组公司的系数值比内资组公司的系数值要大，说明外资组公司可以通过重视人力资本的建设，结合寿险业经营管理的特殊性，更好地促进员工效能的提升。

表 5-27　　**不同所有权性质下 NPPE 的回归结果比较**

	NPPE1		NPPE2	
	Coefficient	t-statistic	Coefficient	t-statistic
−cons	−423106.6	−4.42***	−290531.8	−2.66***
CEE	89795.51	2.66***	8361.448	1.17*
HCE	75840.27	9.47***	25898.12	7.12***
SCE	−1.7766	−0.29	−474.44	−0.82
CCE	197.4215	1.46	3666.618	0.80
Rsize	29293.18	3.24***	23070.98	2.7***
Lev	82730.92	−1.70*	−13012.2	−2.58**
R^2	0.6105		0.3519	
Wald chi2/F	334.91***		12.22***	

资料来源：作者根据本研究数据，采用 Stata 11.0 计算所得。

① 徐沈新. 中国寿险公司人力资源竞争力比较［J］. 保险职业学院学报(双月刊)，2007，21(6)：62-67.

② 陈彬. 保险公司治理对企业绩效影响的实证研究［D］. 上海：复旦大学，2011.

③ 李璐莎. 寿险公司人力资本管理与公司价值实证分析［D］. 大连：东北财经大学，2007.

4. 不同所有权性质下资本保值增值率的实证结果分析

表 5-28 提供了不同所有权性质下的资本保值增值率的回归结果对比。从表中可以看出，外资组模型在 1%水平下显著，内资组模型不显著。在外资组模型中，只有人力资本与资本保值增值率呈正相关关系，且在 5%水平下显著相关，物质资本、结构资本和关系资本与资本保值增值率均不相关。内资组中智力资本四个要素与资本保值增值率均不相关。该实证结果表明，物质资本、结构资本、关系资本和企业发展能力关系不大，这个结论和 Martin(2011)的以收入增长率作为企业发展能力指标的研究结论有相同之处；外资组人力资本与资本保值增值率的关系也与 Martin(2011)的研究基本相同，内资组公司二者之间关系不明显。外资寿险公司入驻我国，不管是营销人员还是专业技术人员，从一般的管理者到高级管理者，都存在人才缺口，因而对人力资本所表现的敏感程度比内资组要高得多。

表 5-28　　**不同所有权性质下 CMA 的回归结果比较**

	CMA1		CMA2	
	Coefficient	t-statistic	Coefficient	t-statistic
−cons	0. 7849	−0. 69	4. 4955	0. 5
CEE	0. 6380	1. 35	−0. 5953	−1. 48
HCE	0. 2344	−2. 07**	0. 2543	0. 85
SCE	0. 0004	0. 53	−0. 0215	−0. 45
CCE	0. 0014	−0. 07	0. 2315	0. 61
Rsize	0. 3122	2. 76***	0. 1547	0. 22
Lev	−2. 3629	−3. 70***	−5. 8319	−1. 40
R^2	0. 1376		0. 0368	
Wald chi2/F	15. 72***		0. 86	

资料来源：作者根据本研究数据，采用 Stata 11. 0 计算所得。

第六章　结论与建议

第一节　研究结论

本书在智力资本相关理论和人力资本理论、组织资本理论、社会资本理论的基础上，通过分析智力资本对企业经营绩效的影响机理和途径，结合中国寿险业经营业务的特殊性，构建了中国寿险业智力资本及各构成要素与经营绩效的动态关系模型，进而采用中国寿险业2007—2013年的财务数据进行了实证检验，运用Stata 11.0软件对提出的理论模型和假设进行了验证。通过理论分析和实证检验，本书得出了如下研究结论：

（一）人力资本、关系资本对企业的当期经营绩效有直接影响；上期人力资本对当期经营绩效有间接影响

具体来说，(1)在智力资本与经营绩效相互关系的静态模型中，人力资本对承保利润率、人均净利润和净资产收益率关系显著，但以前两者为重。关系资本对人均净利润关系显著。这意味着企业为了获取较高的盈利能力，应该重点关注物质资本和人力资本的建设，而关系资本对企业的运营能力具有较好的影响力。(2)在智力资本与经营绩效相互关系的动态模型中，上期的物质资本和当期的净资产收益率关系显著，和净资产收益率也有显著关系，但方向是反向；上期人力资本对当期的承保利润率有反向影响。这一方面佐证了中国寿险业在发展过程中仍主要依赖于物质资本，另一方面也可能是承保利润率指标的选择有偏差，致使得出完全相反的结论。

(二)人力资本、结构资本、关系资本通过物质资本对中国寿险业的盈利能力产生显著影响，其中对净资产收益率的影响比承保利润率大

具体来讲，(1)通过对模型加入交乘项的实证分析表明，人力资本、结构资本、关系资本和物质资本存在着调节作用的可能，他们与中国寿险业的当期盈利能力指标具有显著的间接影响，就显著程度和各对应系数来讲，净资产收益率的系数值均优于承保利润率，而与企业的营运能力和发展能力指标没有影响。(2)人力资本在各个模型中均表现显著，这意味着中国寿险业在经营管理中应多重视人力资本的开发和管理，通过多种途径发挥人力资本的直接和间接作用。(3)结构资本和关系资本通过物质资本对中国寿险业的盈利能力产生影响，这意味着结构资本和关系资本依据其固有的属性，有机会促进企业盈利能力提高。但是如果企业的物质资本太小，或者企业的规模太小，将不能发挥规模经济的作用。借助于企业规模经济的平台，企业的结构资本和关系资本能够提供企业的绩效。反之，当企业不重视结构资本和关系资本时，即使企业的物质资本较大，仍不能发挥结构资本和关系资本的积极作用。

(三)不同绩效组中智力资本各要素与经营绩效之间关系有显著差异，除了人力资本在各组中与经营绩效指标有显著影响，结构资本和关系资本各组间差异比较大

具体而言，(1)高绩效组的盈利能力受人力资本的影响较大，但人力资本对净资产收益率的影响是反向的；结构资本对高绩效组的承保利润率有较为显著的影响；关系资本在高绩效组中对承保利润率和人均净利润的影响均是反向的。这意味着高绩效组应更加注重结构资本的管理和运行，同时规避关系资本对其反向影响。(2)中等绩效组人力资本对企业绩效有显著的积极影响作用，就显著程度而言，人均净利润最大，其次是承保利润率和资本保值增值率。结构资本对企业的人均净利润有显著积极影响。关系资本、结构资本对人均净利润影响意味着加强的结构资本运营能够提高中等绩效组企业的营运能力。与高绩效组相同，中等绩效组也需要规避关系资本的反向作用。(3)低绩效组中人力资本对经营绩效影响比较

大，结构资本和关系资本影响不显著，这意味着对于经营绩效比较低的公司，应注重考虑运用和管理人力资本。

（四）不同企业规模、不同经营年限、内外资组中的智力资本构成要素与经营绩效关系有显著差异

具体而言，(1)适度规模组的经营绩效和人力资本关系显著，意味着当企业达到规模经济状态时，重点考虑人力资本的建设和管理就能提高企业的经营绩效；当企业的市场占有率达不到适度规模状态时，企业除了关注人力资本的建设和管理，还应该注重关系资本的开发和管理，同时规避结构资本对企业绩效的反向影响；而处于垄断型的寿险公司其市场份额比较大，如何管理和运用人力资本并保持现有的客户资源成为本阶段的工作重点。(2)对于成立年限低于11年的寿险公司，人力资本和物质资本对企业的经营绩效有显著的影响，这个时段的公司应重点关注人力资本的管理和建设，待公司进入成熟期以后，良好的内部运行机制有利于企业绩效的提高，同时应避免关系资本对经营绩效的反向影响。(3)内资和外资组公司的经营绩效均和企业的人力资本、结构资本和物质资本有关，外资组企业的结构资本与企业的经营绩效影响较大，意味着对于外资组公司而言，加强结构资本的管理和建设能够较大地提高企业的经营绩效。

（五）中国寿险业经营绩效的提高主要仍依赖于物质资本

物质资本在智力资本与经营绩效关系的静态模型、动态模型以及考虑调节作用的模型中，均表现显著；在不同绩效组、不同规模组、不同成立年限组、不同所有权性质组中，物质资本与经营绩效的关系大多表现显著，这表明在中国寿险业的经营管理过程中，物质资本仍然发挥着重要的作用。如前所述，现代的经济已经步入知识经济时代，寿险业作为以知识密集型为主的产业，如果仍主要依赖于物质资本，那么其未来的发展将受到影响，这也正好佐证了国内学者提出的中国保险业仍处于初级阶段的观点。

第二节　政策建议

伴随着智力资本研究领域从如何解释智力资本到如何有效地管

理智力资本的变化，智力资本作为企业最有价值的资产和最有竞争力的优势资源，应被企业管理者充分重视和管理。依据本书的研究结论，结合中国寿险业经营业务特点，本书提出如下政策建议：

（一）重视人力资本的提升和管理，挖掘人力资本的长期、间接作用，以促进寿险产品的开发和营销渠道的创新

依据前述的研究，人力资本在多个模型中的结论均支持本书的研究假设，即人力资本对企业的经营绩效有积极的影响作用。人力资本在知识经济时代越来越成为企业持续竞争的关键资源，为了提升企业的人力资本，针对寿险业的经营业务特征，企业可以采取如下措施：(1)建立以员工培训、激励、公平考核、尊重员工个性为目标的人员管理制度。各大寿险公司可以设立金融教育培训的专门部门，建立自主、灵活的人才培养机制，从而实现企业技术创新的不断跃进；对待知识型的员工可以采用其他方式增加闲暇时间、健康关注等激励措施，使公司在获取较高报酬的同时能够兼顾自身健康，以把员工的利益和企业的利益紧密相连；公平的考核不能停留在淘汰人或者以批评惩罚为目的，而应该以肯定和确认为要求，以便更好地使企业获得竞争优势；尊重员工的个性。(2)重视人力资本的长期影响。依据前述研究结论，上期人力资本对当期经营绩效有间接的影响，因而公司应注重培养员工使命感的同时，建立完善的人员管理制度以降低寿险业员工的高流动率。(3)发挥人力资本对企业经营绩效的间接影响作用。依据上述研究结论，有的模型中，人力资本需要借助物质资本对企业经营绩效产生积极的影响，因而企业应根据人力资本对经营绩效的影响路径，依据企业的外部环境和经营周期，多种途径并重以达到公司对人力资本的提升和管理，促进寿险新产品的开发和营销渠道的创新。

（二）加强结构资本的建设和管理，提高企业组织结构的运营效率，调动结构资本对经营绩效可能的影响能力

依前述的研究结论，结构资本在有的模型中直接对企业经营绩效产生影响，在有的模型中通过物质资本间接对经营绩效产生影响。结构资本作为企业完全拥有并控制的独有能力，具有组织依附性的特点。因此，结构资本的建设应从组织建设开始：(1)建立易于沟通和具有创新的企业文化。文化对于提升企业绩效的促进作用非常大，对于寿险公司而言，公司内部员工对公司文化的认同能使员工产生强烈的归属感，使员工比竞争对手更快、更强地学习和工作。(2)借鉴国外寿险公司组织机构特点，提高组织运营效率。依据企业的经营周期和业务规模，理顺内部各层级、各业务单元之间的关系，实现对责、权、利的合理匹配，从而有效地提升企业的管理水平。(3)重视结构资本的平台作用，以此激励和发挥人力资本的增值价值。规范的企业制度、高效的组织运营机制、凝聚的团队文化、健康的品牌形象、稳定的客户关系、多元化的营销网络都可以促进人力资本价值的更好发挥。

(三)加强关系资本的开发和管理，拓宽产品营销渠道同时完善客户服务机制

随着寿险市场竞争中心的日益迁移，逐渐进入客户竞争的时代。谁拥有客户，谁将能赢得市场。因此，加强关系资本的开发和管理，构建以客户为中心的管理模式，建立多元化的产品营销渠道并完善客户服务机制是寿险业经营中的重点工作。(1)如张瑞敏所言，企业的核心竞争力，就是企业持续获取客户资源的超常能力，培育持续获取客户资源的超长能力是关系资本的重要核心内容之一，因而积极开发新的客户资源并对现有客户进行维持管理，是企业获取核心竞争力的途径之一。(2)从前述的实证分析可知，我国75.78%的企业仍处于初创期和发展期。在此阶段，营销推动市场的特征比较明显，因此科学定位各销售渠道的职能，维护现有营销渠道，拓展新渠道，以形成新的核心优势。(3)实践证明，销售经营业绩长青的法宝是把客户经营做到精细和极致①。因此，加强客户管理，广泛搜集客户信息，并及时将客户资源变成发展资源、市场拓展资源、价值竞争资源才能赢得市场竞争的主动权。

---

① 阎海峰，陈利萍，沈锦杰．智力资本、吸收能力与组织创新关系研究[J]．研究与发展管理，2009，21(5)：39-46.

(四)依据不同类型寿险公司智力资本与经营绩效关系的特点，有针对性地管理智力资本

由于中国寿险业发展在20世纪90年代才开始打破垄断格局，2004年年底才开始进入全面对外开放新时期。因此，原先由国家垄断的公司市场占有率大，且经营年限长，因而会存在一些公司经营绩效高、企业规模大且公司经营年限长的情况。作者对本研究分组进行了对比分析，发现低绩效组中60%的公司处于初创期，而高绩效组中则有45%的公司处于成熟期。因此，对于这部分公司，在提高物质资本运营效率的同时，考虑充分发挥人力资本和结构资本的积极作用；而对于市场占有率比较小的公司，为了提高企业的营运能力和资本保值增值率，则需要重点关注关系资本的运营和管理。内资寿险公司和外资寿险公司中智力资本各构成要素与经营绩效指标的显著程度同样为内外资组寿险公司有效的智力资本管理提供参考：外资企业为了提高其承保利润率可以关注其结构资本建设，为了提高其发展能力可以重点关注其人力资本建设。

(五)整合寿险公司的物质资本，同时发挥物质资本的中介效应

物质资本作为企业建立、运行所必须的基础资源，对企业经营绩效的影响作用很大。本书实证研究结果发现物质资本对企业的经营绩效有显著的积极影响作用，各组别中智力资本和经营绩效的关系均有显著差异，且各组间差异很小，充分验证了我国寿险业经营绩效的提高更多仍依赖于物质资本。因而，针对物质资本的管理，应做好以下几点：(1)转变粗放式的发展方式，提高物质资本的效率。(2)通过资本的重组和改制，使企业达到规模经济状态。(3)充分发挥物质资本的中介效应，以激发人力资本、结构资本和关系资本对经营绩效的影响。

第三节 主要创新

智力资本理论在经历了近些年的理论发展之后，学术界研究的重点转为如何有效地管理。在借鉴前人研究的基础上，结合中国寿

力资本与其相关的关系，但多数研究集中在智力资本其中一个要素上，比如人力资本、关系资本。本研究涉及二者之间的动态关系，但受个人能力限制，本研究只是考虑了上期智力资本与当期经营绩效的间接影响，没有继续深入研究更多滞后期的问题。

3. 受个人能力限制，本书没有结合寿险公司经营风险的特点，把风险因素考虑进去。业内普遍认为，保险公司就是经营风险的公司，因而如何消除指标中的风险因素，成为正确评估企业经营业绩的条件之一。国外学者有采用滚动面板数据对相关指标求标准差的方法对其进行标准化处理，以消除指标中所包含的风险因素，本研究试图采用这种方法进行研究，但实验结果以失败告终，后续研究者可以再进行探索。

4. 本研究结论之一：智力资本整体与经营绩效之间没有显著关系，这个结论显然比较让人费解。分析其中原因，可能是指标的选择不尽合理，在进行绩效指标综合时，有的指标作用可能相互抵消，使得最终研究结果没有验证研究假设。

二、研究展望

智力资本作为企业核心竞争力来源，对提高企业核心竞争力具有重要作用。目前对智力资本的研究已经取得了丰硕的理论成果，但仍有很多方面存在着大量的问题值得进行深入的研究和探讨。作者结合本书的研究局限，就本研究可以深入的问题提出以下可进一步研究的方向：

1. 结合寿险业的经营特点，通过构建全面的指标体系作为研究变量。寿险业由于自身经营业务特殊性，一般企业的经营核算指标体系对其不太适用。通过全面的经营绩效指标研究智力资本与其相互关系也会更加全面，同时，详尽的费用资料对于结构资本和关系资本的量化会更加准确，因而研究结论也会更加真实。

2. 开展智力资本与经营绩效的长期动态影响研究。后续研究可以在本研究的基础上，考虑智力资本对经营绩效滞后期的影响，同时借鉴 Markov 状态转移矩阵，探索影响智力资本稳定性的因素。众所周知，寿险业人才流动性强是其重要特点，不稳定的营销队伍虽然可以给组织带来新鲜的血液，也可以给行业形象带来负面影响。

3. 把风险管理思想融入智力资本与经营绩效关系研究中，以得出更为切实准确的研究结论。滚动面板回归方法目前在国内鲜有学者运用至银行业中，保险业的相关研究仍属空白。然而，保险业经营风险的特殊性使得该项研究成为必要。后续研究者可以对其进行深入探讨。

4. 后续研究者可以结合寿险业的特点，选择更为科学的指标，采用同样的方法进行研究；或者采用同样的指标，换其他方法进行研究，通过对比分析确定本研究结果是否合理。

致　谢

本书在我博士论文的基础上经修改完善而来，在即将出版之际，心中感慨万千。在中国地质大学度过的这三年半的博士学习时光，使我深刻体会到“苦作舟，勤为径”的内涵：学海无涯是苦，努力活着也是苦，所不同的是苦的感觉，一种在于脑，一种在于心。

感谢我的导师帅传敏教授。他严谨的治学态度、开拓的学术精神是我一生学习的榜样；他对学生的严格要求和幽默诙谐的言语风格使得我的学业在严肃的基础上不失几分活泼，更让我应该铭记于心的是他不嫌弃我的愚钝、不嫌弃我这个大龄学生的诸多特殊事宜，以包容之心收我为弟子。攻读博士学位期间我受到了很多挫折，也给老师带来了很多麻烦，帅老师都给予我悉心的鼓励和诸多帮助，帅老师这种乐观积极的心态和豁达开放的心胸深深地感染了我。在本书的选题、撰写、审校和定稿中，都凝结着帅老师的智慧和辛苦。在此，向帅老师致以最衷心的感谢！

感谢经济管理学院的严良教授、赵晶教授、杨树旺教授、诸克军教授、王开明教授、程胜副教授为本研究提出了大量宝贵的建议，使得本研究结构完善、创新突出、实证规范，使之从理论上达到一定水平。

感谢在我书稿写作过程中给予我帮助的同学：卢丽雯博士、付书科博士、许立飞博士、周斌博士，感谢我的师妹师弟们！你们让我感受到友谊的可贵，一起工作和学习的日子，是我读博以来最珍贵的记忆。

感谢我的父母，他们已经快70岁了，却整日为我能否博士毕业而担心，母亲为了支持我，帮我带孩子，使我能够安心写论文。

感谢我的姐姐、哥哥和朋友，他们对我无微不至的关怀和无私的支持是我最坚实的动力。感谢我的哥哥吕占峰和嫂子吕思思，他们让我在武汉、在地大也依然感受到家的温暖。

最后，特别感谢丈夫朱旗锋，他在这些年里无微不至地关心我的学习和生活，给我提供物质上的帮助和精神上的抚慰，帮我度过人生最痛苦、最无奈、最受挫的这些日子，是他的帮助和支持使得我能够顺利完成博士论文，他的关怀是我生活的后盾和进取的动力。

感谢上苍，在我最需要的时刻赐予我最珍贵的礼物：我的女儿——奕璇，她是我在读博期间获取的，也是我人生中最想要的、最真实的快乐。她健康、聪明又漂亮，昨天是她一岁的生日，也是我书稿收笔之日，看着她健康地成长，我感到幸福是那么平淡、真实。

感谢所有关心、支持和帮助过我的人们！

杨晓敏

于中国地质大学(武汉)

参考文献

[1]原毅军，柏丹. 智力资本的价值评估与战略管理[M]. 大连：大连理工大学出版社，2009.

[2]罗忠敏，王力. 中国保险业竞争力报告(2012—2013)——转型的艰难起步[M]. 北京：社会科学文献出版社，2013.

[3]饶伟国. 公共组织智力资本配置之道[M]. 北京：北京大学出版社，2012.

[4]苏伟伦. 企业智慧资本管理[M]. 北京：经济日报出版社，2002.

[5]张弘. 人力资源管理与企业绩效[M]. 北京：企业管理出版社，2010.

[6]丁福斯. 企业万能面向企业能力理论[M]. 大连：东北财经大学出版社，1998.

[7]陈文辉. 中国寿险业经营规律研究——费用、盈亏平衡、资本需求[M]. 北京：中国财政经济出版社，2008.

[8]万峰. 寿险公司经营管理之道[M]. 北京：中国金融出版社，2011.

[9]苏伟伦. 企业智慧资本管理[M]. 北京：经济日报出版社，2002.

[10]吴冲. 基于经营绩效视角的我国财产保险公司财务指标体系研究[D]. 大连：东北财经大学，2013.

[11]宋潍. 商业银行智力资本与绩效相关性研究[D]. 成都：西南财经大学，2012.

[12]郑美群. 基于智力资本的高技术企业绩效形成机理研究[D]. 长春：吉林大学，2006.

[13]徐爱萍. 智力资本的三维协同机理与绩效评价研究[D]. 武汉：武汉理工大学，2009.
[14]申小莉. 动漫企业智力资本结构对企业绩效的影响与提升研究[D]. 长沙：中南大学，2010.
[15]罗海虹. 智力资本对电信企业绩效影响的实证研究[D]. 北京：北京邮电大学，2011.
[16]叶安琦. 智力资本要素与商业银行绩效关系的研究——基于上市商业银行的数据[D]. 杭州：浙江大学，2013.
[17]周娜. 智力资本与企业绩效相关性分析——基于高新技术行业的实证分析[D]. 济南：山东财经大学，2013.
[18]刘勇. 中国保险行业战略人力资源结构优化研究[D]. 武汉：武汉理工大学，2005.
[19]曹晓漪. 我国寿险资金投资收益问题研究[D]. 成都：西南财经大学，2010.
[20]陈彬. 保险公司治理对企业绩效影响的实证研究[D]. 上海：复旦大学，2011.
[21]李璐莎. 寿险公司人力资本管理与公司价值实证分析[D]. 大连：东北财经大学，2007.
[22]李冬琴，黄晓春. 智力资本：概念、结构和计量述评[J]. 科学学管理，2003，12：210-213.
[23]姜永宏，蒋伟杰. 中国寿险需求影响因素研究：基于省级面板数据的实证分析[J]. 暨南学报，2014，181：36-43.
[24]秦辉，王瑜伟. 智力资本提升组织绩效了吗？——基于 Meta 分析的检验[J]. 科学学与科学技术管理，2014，3：154-163.
[25]原毅军，张晓峰，王萌. 企业绩效角度的智力资本评估[J]. 科学学研究，2007，8(2)：241-246.
[26]陈佳贵，黄群惠. 无形资产管理及其对我国企业改革发展的意义[J]. 管理世界，1998，6：129-137.
[27]朱瑜，王雁飞，蓝海林. 智力资本理论研究新进展[J]. 外国经济与管理，2007，12：50-56.
[28]孟建民. 中国企业绩效评价研究[J]. 财政研究，2004，7：2-5.

[29]张兆国，陈天骥，余伦. 平衡计分卡：一种革命性的企业经营业绩评价方法[J]. 中国软科学，2002，5：102-111.
[30]王化成，刘俊勇. 企业业绩评价模式研究——兼论中国企业业绩评价模式选择[J]. 管理世界，2004，4：82-92.
[31]刘学武，陈震. 国外企业绩效评价发展综述及比较研究[J]. 交通企业管理，2014，1：74-76.
[32]乔琳. 熵位法在建筑企业绩效绩效评价中的应用[J]. 财会通迅，2009，10：33-34.
[33]王美荣. 功效系数法在企业绩效评价中的应用[J]. 财会通讯，2010，7：77-78.
[34]徐娜娜. BP 神经网络在企业绩效评价中的应用[J]. 企业科技与发展，2010，10：149-151.
[35]李静. 基于可持续发展的我国火电企业绩效评价指标体系研究[J]. 北京工业职业技术学院学报，2010，9：114-118.
[36]温素彬. 基于可持续发展的企业绩效评价模式研究[J]. 管理学报，2010，7：354-358.
[37]张宝友，张坤. 基于 DEA 的我国矿产资源企业绩效研究[J]. 技术技济，2010，29：75-77.
[38]李灿. 国有企业绩效评价模式研究：应用困境与构建思路[J]. 海南大学学报(人文社会科学版)，2011，10：76-82.
[39]杜娟，黄蕴洁. 基于因子聚类分析的知识型企业绩效评价方法研究[J]. 科学学与技术管理，2010，11：94-100.
[40]王大飞，曹佳. 基于因子分析法的上市公司经营业绩评价模型[J]. 经济论坛，2010，6：195-198.
[41]黄涛，宋成. 基于数据包络分析的汽车制造企业绩效评价[J]. 科技与管理，2010，2：100-103.
[42]郭媛媛，张玉红. 基于可拓学与 BSC 的房地产企业绩效评价研究[J]. 工程管理学报，2010，4：113-118.
[43]姜军伟，赛英. 基于模糊神经网络的企业绩效评价方法研究[J]. 山东科学，2010，1：36-40.
[44]段伟. 基于灰色系统的上市公司财务绩效主因子综合评价方法

[J]. 云南财经大学学报，2010，4：72-74.
[45]张安霞，张红岩，陈彦君，陈焕江. 基于SPSS因子分析法的企业绿色供应链绩效评价[J]. 物流技术，2011，5：175-177.
[46]段晓臣，贾宪威，祝佳梅. "四川泡菜"龙头企业绩效评价的实证分析——以眉山市永一食品公司为例[J]. 四川农业大学学报，2012，1：121 -124.
[47]马陈，李俊娟，姬长龙. 基于DEA的沪深两市运输物流板块上市企业绩效评价[J]. 长安大学学报(社会科学版)，2012，2：52-56.
[48]杨瑾. 大型复杂产品制造业集群供应链绩效评价模式研究[J]. 中国管理科学，2013，6：64-70.
[49]汪忠，吴倩，胡兰. 基于DEA方法的社会企业双重绩效评价研究[J]. 中国地质大学学报(社会科学版)，2013，4：106-111.
[50]冯华，何佳莉，刘洋. 供应链物流能力绩效评价体系的调研分析[J]. 中南财经政法大学学报，2014，1：113-118.
[51]李林子，鲁伟. 财产保险公司绩效的因子分析[J]. 管理科学，2003，3：46-50.
[52]曹乾. 包含偿付能力指标的保险业绩效评价体系及其应用[J]. 山东理工大学学报(社会科学版)，2007，1：21-24.
[53]刘文鹏. 保险公司业绩评价：从财务绩效到战略执行[J]. 保险研究，2011，1：98-102.
[54]何琳. 平衡计分卡在我国保险公司绩效评价中的应用研究[J]. 社科论坛，2013，3：136.
[55]孙蓉，王超. 我国保险公司经营绩效综合评价[J]. 保险研究，2013，1：49-56.
[56]孙建，张春海，刘春红，姜兴坤. 我国保险业市场结构、效率与绩效[J]. 南京审计学院学报，2014，1：28-33.
[57]金扬华. 目标取向和工作经验对绩效的效应[J]. 心理学报，2005，1：23-26.
[58]刘海建，陈传明. 企业组织资本、战略前瞻性与企业绩效：基于中国企业的实证研究[J]. 管理世界，2007，5：32-38.

[59]蒋天颖，汪俊江. 智力资本、组织学习与企业创新绩效的关系分析[J]. 科研管理，2009，4：21-25.
[60]陈劲，谢洪源，朱朝晖. 企业智力资本评价模型和实证研究[J]. 中国地质大学学报，2004，6：27-31.
[61]李嘉明，黎富兵. 企业智力资本与企业绩效的实证分析[J]. 重庆大学学报，2004，12：131-137.
[62]白明，张晖. VAIC 法计量的知识资本与财务指标实证研究[J]. 统计与决策，2005，8：18-26.
[63]万希. 智力资本对我国运营最佳公司贡献的实证分析[J]. 南开观念里评论，2006，9：188-192.
[64]王新利，王凯. 企业智力对企业绩效贡献的实证研究——基于分位数回归的两行业对比分析[J]. 统计与决策，2008，7：87-92.
[65]傅传锐. 我国上市公司智力资本与股价相关性的实证研究[J]. 经济经纬，2008，1：149-152.
[66]李冬伟，汪克夷. 智力资本与高科技企业绩效关系研究——环境的调节作用：中国人信任的结构与特征[J]. 科学学研究，2009，11：1700-1707.
[67]卢馨，黄顺. 智力资本驱动企业绩效的有效性研究——基于制造业、信息技术业和房地产业的实证研究[J]. 会计研究，2009，2：68-74.
[68]李慧娟，王琳. 能源行业智力资本对企业绩效影响的实证研究[J]. 企业管理，2010，24：171-174.
[69]吴小蕾. 智力资本与民营企业绩效关系研究[J]. 经济纵横，2010，7：111-114.
[70]陈晓红，李喜华，曹裕. 智力资本对企业绩效的影响：基于面板数据模型的分析[J]. 系统工程理论与实践，2010，7：1176-1184.
[71]张宗益，韩海东. 行业间智力资本与企业绩效关系对比研究[J]. 科技进步与对策，2011，16：47-50.
[72]夏雯婷. 智力资本对企业绩效的影响——基于生命周期理论的

实证分析[J]. 科技管理研究, 2012, 19: 173-177.
[73]王玲, 孙贺捷. 智力资本对上市公司绩效的影响研究——以生物医药、纺织服装行业为例[J]. 财会月刊, 2012, 10: 33-37.
[74]杨蕙馨, 徐召红. 智力资本、动态能力对企业绩效的作用研究——基于联想集团的案例分析[J]. 华东经济管理, 2013, 10: 1-6.
[75]吴晓云, 王峰. 知识密集型服务企业智力资本与绩效关系的实证研究[J]. 现代管理科学, 2013, 5: 12-17.
[76]王曙, 程李梅. 成长型企业智力资本与绩效相关性研究[J]. 科技管理研究, 2013, 5: 220-222.
[77]刘佳鑫, 刘兵. 基于 DEA 方法的我国上市银行智力资本对经营绩效的影响研究[J]. 武汉金融, 2013, 2: 26-28.
[78]杨蔓利. 智力资本对企业绩效影响的实证研究——以我国汽车制造业上市公司为例[J]. 会计之友, 2013, 8: 53-56.
[79]吴利华, 阎星云. 战略、智力资本与企业绩效关系研究——基于江苏省工业企业的实证分析[J]. 企业经济管理, 2014, 2: 75-78.
[80]秦辉, 王瑜炜. 智力资本提升组织绩效了吗? ——基于 Meta 分析的检验[J]. 科学学与科学技术管理, 2014, 3: 154-163.
[81]王智宁, 王念新, 吴金南. 知识共享与企业绩效: 智力资本的中介作用[J]. 中国科技论坛, 2014, 2: 65-71.
[82]张慧颖, 吕爽. 智力资本、创新类型及产品创新绩效关系研究[J]. 科学学与科学技术管理, 2014, 2: 162-168.
[83]刘超, 原毅军. 智力资本对企业绩效影响的实证研究[J]. 东北大学学报(社会科学版), 2008, 10(1): 32-35.
[84]李常洪, 谢元元, 李建邦等. 基于智力资本的战略联盟企业价值创造[J]. 华东经济管理, 2012, 25(2): 84-89.
[85]朱瑜, 王雁飞, 蓝海林. 企业文化、智力资本与组织绩效关系研究[J]. 科学学研究, 2007, 25(5): 952-958.
[86]原毅军, 李宜, 高微. 智力资本投资与企业资本化发展——基于软件上市公司的实证研究[J]. 大连理工大学学报(社会科学

版)，2009，30(2)：16-21.
[87]李嘉明，黎富兵. 企业智力资本与企业绩效的实证分析[J]. 重庆大学学报(自然科学版)，2004，27(12)：134-138.
[88]万希. 智力资本对我国运营最佳公司贡献的实证分析[J]. 南开管理评论，2006，9(3)：55-60.
[89]卢馨，黄顺. 智力资本驱动企业绩效的有效性研究——基于制造业、信息技术业和房地产业的实证分析[J]. 会计研究，2009，2：68-74.
[90]蒋琰，茅宁. 多元资本结构在中国企业的实证研究[J]. 中国工业经济，2007，1：78-84.
[91]蒋琰，茅宁. 智力资本与财务资本：谁对企业价值创造更有效——来自于江浙地区企业的实证研究[J]. 会计研究，2008(7)：49-56.
[92]李经路. 耦合视角下的企业智力资本价值贡献研究[J]. 软科学，2013，27(6)：108-113.
[93]吴晓云，王峰. 知识密集型服务企业智力资本与绩效关系的实证研究[J]. 现代管理科学，2013，5：12-17.
[94]刘玉平，赵兴莉. 智力资本驱动企业价值创造的有效性研究——基于智力资本综合评价视角[J]. 中央财经大学学报，2013，1：41-46.
[95]朱瑜，王雁飞，蓝海林. 智力资本理论研究新进展[J]. 外国经济与管理，2007，29(9)：50-56.
[96]林筠，何婕. 企业智力资本对渐进式和根本性技术创新影响的路径探究[J]. 研究与发展管理，2011，23(1)：90-98.
[97]阎海峰，陈利萍，沈锦杰. 智力资本、吸收能力与组织创新关系研究[J]. 研究与发展管理，2009，21(5)：39-46.
[98]黄培伦，曾春艳，尚航标. 智力资本、动态能力与企业持续竞争优势的关系研究[J]. 科技管理研究，2010，15：108-110.
[99]杨蕙馨，徐召红. 智力资本、动态能力对企业绩效的作用研究——基于联想集团的案例分析[J]. 华东经济管理，2013，27(10)：1-6.

[100]许红胜，王晓曼. 智力资本、企业能力及财务绩效关系研究——以电力、蒸汽、热水的生产和供应产业为例[J]. 东南大学学报(哲学社会科学版)，2010，12(3)：67-73.

[101]武博，闫帅. 知识型企业智力资本对知识创新绩效的影响研究——兼论组织学习能力的中介作用[J]. 求索，2011，9：84-86.

[102]曹裕，陈晓红，李喜华. 企业不同生命周期阶段智力资本价值贡献分析[J]. 管理科学学报，2010，5：21-32.

[103]夏雯婷. 智力资本对企业绩效的影响——基于生命周期理论的实证分析[J]. 科技管理研究，2012，19：173-177.

[104]李冬伟，李建良. 智力资本、冗余资源与企业价值——基于一个调节效应模型的实证分析[J]. 科学学与科学技术管理，2010，31(11)：119-128.

[105]陈晓红，李喜华，曹裕. 智力资本对企业绩效的影响：基于面板数据模型的分析[J]. 系统工程理论与实践，2010，30(7)：1176-1184.

[106]李冬伟，汪克夷. 智力资本与高科技企业绩效关系研究——环境的调节作用[J]. 科学学研究，2009，11：1700-1707.

[107]余光胜. 企业竞争优势根源的理论演进[J]. 外国经济与管理，2002，10(4)：35-38.

[108]周建. 企业战略联盟的竞争力研究：核心竞争能力的观点[J]. 南开管理评论，2000，11：44-47.

[109]徐海霞. 变革环境下企业竞争优势衰退的原因及对策[J]. 计划与市场探索，2003，1(7)：29-30.

[110]张宗益，韩海东. 基于协同机理的智力资本转化路径研究[J]. 商业研究，2010，12：72-77.

[111]刘超，原毅军. 智力资本对企业经营绩效的实证研究[J]. 东北大学学报，2008，1：32-35.

[112]李子奈，刘亚清. 现代计量经济学模型体系解析[J]. 经济学动态，2010，5：22-31.

[113]苏良军. 部分线性固定效应面板数据模型的一致性估计[J].

实际数量经济学，2005，6：32-39.

[114]林嘉楠. 我国保险公司规模经济实证研究[J]. 保险研究，2008，3(7)：40-43.

[115]何晓夏，章林. 论中国保险产业的适度规模[J]. 保险研究，2008，5(5)：24-26.

[116]徐婧姝，余玥. 我国中外资寿险公司经营效率比较研究[J]. 保险职业学院学报(双月刊)，2008，25(6)：57-62.

[117]徐沈新. 中国寿险公司人力资源竞争力比较[J]. 保险职业学院学报(双月刊)，2007，21(6)：62-67.

[118]林妙雀，郦芃羽. 智力资本与创新策略对组织绩效影响之研究：以赴大陆投资之台商电子资讯业加以实证[C]. 2004 科技整合管理国际研讨会论文集，2004：949-970.

[119]Leif Edvinsson, Michael Shawn Malone. Intellectual Capital: The Proven Way to Establish Your Company's Real Value by Measuring it Hidden Brain Power[M]. London: Piatkus, 1997.

[120]Thomas A. Stewart. Intellectual Capital: The New Wealth of Organizations[M]. New York: Doubleday/Currency, 1997.

[121]Organisation for Economic Co-operation and Development (OPED), Final Report: Measuring and Reporting Intellectual Capital: Experience, Issues, and Prospect [M]. Paris: OECD, 2000.

[122]Edvinsson L., Malone S. Intellectual Capital: Realizing your Company's True Value by Finding its Hidden Brainpower[M]. New York: Harper Business Press, 1997.

[123]Stewart A. Intellectual Capital: The New Wealth of Organization [M]. New York: Bantam Double day Dell Publishing Group, 1997.

[124]Organization for Economic Co-operation and Development (OECD). Guidelines and Instructions for OECD Symposium[M]. Intellectual Sysposium Measuring Reporting Intellectual Capital: Experience, Issues, and Prospects, June, Amsterdam, OECD, Paris.

[125] Annie Brooking. Intellectual Capital: Core Assets for the Third Millennium Enterprise [M]. London: Thomson Business Press, 1996.

[126] Haanes K., Lowendah B. The Unit of Activity: Towards an Alternative to the Theories of the Firm [M]. Copenhagen: John Wiley and Sons Ltd, 1997.

[127] Organization for Economic Co-operation and Development (OECD), Final Report: Measuring and Reporting Intellectual Capital: Experience, Issues, and Prospects [M]. Paris: OECD, 2000.

[128] Edvinsson L., Malone S. Intellectual Capital: Realizing Your Company's True Value by Finding its Hidden Brainpower [M]. New York: Harper Business Press, 1997.

[129] Edvisson L. Intellectual Capital: Realizing Your Company's True Value by Finding its Hidden Brainpower [M]. New York: Harper Collins, 1997.

[130] Andriessen D. Making Sense of Intellectual Captial: Designing a Method for the Valuation of Intangibles [M]. Butterworth: Elsevier Butterworth Heinemann Hurlington, 2004.

[131] Kuczmarski. Intellectual Capital: The New Wealth of Organizations [M]. London: GEE Publishing Ltd, 1996.

[132] Jaccard J., Turrisi R., Wan C. K. Intellectual Effects in Multiple Regression Analysis [M]. Newbury Park: Sage Ca, 1990.

[133] Meyers L., Gamst G., Guarino A. J. Applied Mutivariate Research: Design and Interpretation [M]. Thousand Oakes: Sage Publications, 2006.

[134] Koopmans T. C. An Analysis of Production as An effficient Combination of Activities [J]. Cowles Commission for Research in Economisc, 1951, 3(13): 33-96.

[135] Bernard Marr, Karim Moustaghfir. Defining Intellectual Capital a Three-dimensional Approach, Management Decision [J]. 2005,

43(9): 1114-1128.
[136] Edvinsson L., Sullivan P. Developing a Model for Managing Intellectual Capital [J]. European Management Journal, 1996, 14(4): 356-364.
[137] Bontis N. There's a Price on Your Head: Managing Intellectual Capital Strategically [J]. Ivey Business Quarterly, 1999, 60(4): 40-47.
[138] Richard Petty. Intellectual Capital Literature Review: Measurement, Reporting, and Management [J]. Journal of capital literature review, 2000, 2(1): 155-176.
[139] Baruch Lev. Assessing Knowledge Assets: A Reviews of the Model Used to Measure Intellectual Capital [J]. Intellectual Journal of Management Reviews, 2001, 3(1): 41-60.
[140] Richard Petty, James Guthrie. Intellectual Capital Literature Review: Measurement, Reporting and Management [J]. Journal of Intellectual Capital, 2000, 1(2): 155-176.
[141] Mohan S., Mark A. Y. The Influence of Intellectual Capital on the Types of Innovative Capabilities [J]. Academy of Management Journal, 2005, 48(3): 450-463.
[142] Chen M. C, Cheng S., Hwang Y. An Empirical Investigation of the Relationship between Intellectual Capital and Firm's Market Value and Financial Performance [J]. Journal of Intellectual Capital, 2005, 6(2): 159-176.
[143] Clarke M., Seng D. Whiting R. H. Intellectual Capital and Firm Performance in Australia [J]. Journal of Intellectual Capital, 2011, 12(4): 505-530.
[144] Hubert, Saint Onge. Tacit Knowledge: The Key to the Strategic Alignment of Intellectual Capital [J]. Strategy & Leadership, 1996, 24(2): 10-14.
[145] Youndt M. A, Snell S. A. Human Resource Management, Manufacturing Strategy and Firm Performance [J]. Academy of

Management Journal, 1996, 39(4): 836-866.

[146] Hu L. C, Wang C. Clarifying the Effect of Intellectual Capital on Performance: The Mediating Role of Dynamic Capability [J]. British Journal of Management, 2012, 23(2): 179-205.

[147] Petty R., Guthrie J. Knowledge Management and the Measurement of Intangibles[J]. Management Today, 2000, 3(6): 125-132.

[148] Bontis N. National Intellectual Capital Index: A United Nations Initiative for the Arab Region[J]. Journal of Intellectual Capital, 2004, 5(1): 13-39.

[149] Public A. VAIC—An Accounting Tool for IC Management [J]. International Journal of Technology Management, 2000, 20(5): 702-714.

[150] Public A. Intellectual Capital—Does it Create or Destroy Value? [J]. Measuring Business Excellence, 2004, 8(1): 62-68.

[151] Firer S., Williams M. Intellectual Capital and Traditional Measures of Corporate Performance [J]. Journal of Intellectual Capital, 2003, 4(3): 348-360.

[152] Jamal A., Nazari, Irene M. H. Extended VAIC Model: Measuring Intellectual Capital Components [J]. Journal of intellectual capital, 2007, 8(4): 595-609.

[153] C. M Feng, R. T Wang. Performance Evaluation for Airlines Including the Consideration of Financial Ratios[J]. Journal of Air Transport Management, 2000, 5(6): 133-142.

[154] Bassioni, Price, Hassan. Building a Conceptual Framework for Measuring Business Performance in Construction: An Empirical Evaluation[J]. Construction Management and Economics, 2005, 7 (23): 495-507.

[155] Juan Jose' A1 faro Saiz, et al. Beyond Situational Constraints: Job Resource Inadequency and Individual Performance at Work[J]. Haman Resource Management Reviews, 2007, 5(2): 79-102.

[156] Wen W. , Chen Y. H, Chen J. C. A Knowledge-based Decision

Support System for Measuring Enterprise Performance [J]. Knowledge-based Systems, 2008, 14(21): 148-163.

[157] Fang-Mei Tseng, Yu-Jing Chiu, Ja-Shen Chen. Measuring Business Performance in the High-tech Manufacturing Industry: A Case Study of Taiwan's Large-size TFT-LCD Panel Companies[J]. The International Journal of Management Science, 2009, 8(37): 686-697.

[158] Wang Qian, Hao Wei. Fuzzy Comprehensive Evaluation of the Performance for the M&A and Restructuring in Chinese Iron and Steel Industry[J]. 2012 International Conference on Management Science& Engineering (19th), 2012, 13(9): 20-22.

[159] Torkamani, et al. Performance Evaluation Using the Balanced Score Card (BSC): A Case Study of Azerbaijan Regional Electric Company[J]. Journal of Basic and Applied Scientific Research, 2012, 2 (4): 3289 - 3293.

[160] Chien-Liang Lin, Hai-Lin Tan. Performance Measurement in the Public Sector: An Example of the Building Administration Authorities in Taiwan[J]. Journal of Management in Engineering, 2013, 5(25): 125-131.

[161] Pei-Hsuan Hsieh, Chun-You Chou. Relationship among Information Department Technicians Performance Influencing Factors in Taiwan Public and Private Colleges [J]. 2013, 18 (46): 356-361.

[162] Gianpaolo lazzolino, Domenico Laisc, Laura Marraro. Business Mullicriteria Performance Analysis: Atutorial[J]. An International Journal, 2012, 19(3): 395-411.

[163] Hsin-Pin Fu, Jia-Ruey Ou. Combining PC A With DEA to Improve the Evaluation of Projection Performance Data: A Taiwanese Bureau of Energy Case Study[J]. Project Management Journal, 2013, 44(1): 94-106.

[164] L. Tao, et al. Online Banking Performance Evaluation Using Data

Envelopment Analysis and Axiomatic Fuzzy Set Clustering[J]. Qual Quant, 2013, 8(47): 1259-1273.

[165] Liu H. H, et al. A Comparison of Three-Stage DEA and Artificial Neural Network on the Operational Efficiency of Semi-Conductor Firms in Taiwan[J]. Modern Economy, 2013, 9 (4): 20-31.

[166] Frances chini, Galetto, Turina. Impact of Performance Indicators on Organizations: A Proposal for an Evaluation Model [J]. Production Planning & Control, 2013, 19(2): 232-240.

[167] F. Medel-Gonzalez, et al. Measuring and Evaluating Business Sustain Ability: Development and Application of Corporate Index of Sustain Ability Performance[J]. Verlag Berlin Heidelberg, 2013.

[168] Joachim Boll, Lars Hberg. Performance Management and Evaluation in the Danish Public Employment Service [J]. New Directions For Evaluation, 2013, 4(137): 57-67.

[169] Sabina, Chiara, Milena. Assessing the Effectiveness of a Performance Evaluation System in the Public Health Carc Sector: Some Novel Evidence from the Tuscany Region Experience [J], 2013, 11 (17): 59-69.

[170] Cunnins, Weiss. The Insurance Performance Measure Bringing Value to the Insurance Industry[J]. Journal of Applied Corporate Finance, 1993, 9(4): 8-13.

[171] Vivian Jeng. Operating Performance in the Austrian No-life Insurance Industry: a Bayesian Examination[J]. Journal of Risk and Insurance, 2004, 6(71): 135-159.

[172] Ahmed Riahi, Belkaoui. Intellectual Capital and Firm Performance of US Multinational Firms [J]. Journal of Intellectual Capital, 2003, 8(4): 175-183.

[173] Mavridis D. G. The Intellectual Capital Performance of the Japanese Banking Sector [J]. Journal of Intellectual Capital, 2004, 16(5): 136-151.

[174] Tseng C., Goo Y. J. Intellectual Capital and Corporate Value in an Emerging Economy: Empirical Study of Taiwanese Manufacturers[J]. R&D Management, 2005, 35(2): 187-201.

[175] Do Rosario Cabrita M., Landeiro Vaz J. Intellectual Capital and Value Creation: Evidence from the Portuguese Banking Industry [J]. The Electronic Journal of Knowledge Management, 2006, 1 (4): 11-20.

[176] Ghosh S., Mondal A. Indian Software and Pharmaceutical Sector IC and Financial Performance[J]. Journal of Intellectual Capital, 2009, 10 (3): 369-388.

[177] Ting W. I, Lean H. H. Intellectual Capital Performance of Financial Institutions in Malaysia [J]. Journal of Intellectual Capital, 2009, 10(4): 588-599.

[178] Zeghal D., Maaloul A. Analyzing Value Added as an Indicator of Intellectual Capital and its Consequences on Company Performance [J]. Journal of Intellectual Capital, 2010, 11(1): 39-60.

[179] Bollen L., Vergauwen P., Schnieders S. Linking Intellectual Capital and Intellectual Property to Company Performance [J]. Management Decision, 2005, 40(9): 1161-1185.

[180] Tan H. P, Plowman D., Hancock P. Intellectual Capital and Financial Returns of Companies [J]. Journal of Intellectual Capital, 2007, 8(1): 76-95.

[181] Cohen S., Kaimenakis N. Intellectual Capital and Corporate Performance in Knowledge-intensive SMEs [J]. The Learning Organization, 2007, 14(3): 241-262.

[182] Anghel I., Intellectual Capital and Intangible Assets Analysis and Valuation[J]. Theoretical and Applied Economics, 2008, 3(2): 75-84.

[183] Meng-Yuh Cheng, Jer-Yan Lin, Tzy-Yih Hsiao. Censoring Model for Evaluating Intellectual Capital Value Drivers[J]. Journal of Intellectual Capital, 2008, 6(4): 66-71.

[184]Maria, Bontis. Relationship between Intellectual Capital and Business Performance[J]. Journal of Intellectual Capital, 2008, (4): 95-109.

[185]Martin Clarke. Intellectual Capital and Firm Performance in Australia[J]. Journal of Intellectual Capital, 2011, 4(14): 1469-1930.

[186]Maditinos, et al. The Impact of Intellectual Capital on Firms' Market Value and Financial Performance [J]. Journal of Intellectual Capital, 2011, 12(1): 132-151.

[187]Anma Sami. Intellectual Capital and Financial Performance: A Comparative Investigation of Top Five Sectors of Pakistan[J]. Journal of Basic and Applied Scientific Research, 2014, 4(3): 232-239.

[188]Shiu H. J. The Application of the Value Added Intellectual Coefficient to Measure Corporate Performance: Evidence from Technological Firms[J]. International Journal of Management, 2006, 23(2): 356-365.

[189]Firer S., Williams S. M. Intellectual Capital and Traditional Measures of Corporate Performance[J]. Journal of Intellectual Capital, 2003, 4(3): 348-360.

[190]Chan K. H. Impact of Intellectual Capital on Organizational Performance: An Empirical Study of Companies in the Hang Seng Index(part2)[J]. The Learning Organization, 2009, 16(1): 22-39.

[191]Appuhami R. The Impact of Intellectual Capital on Investors' Capital Gains on Shares: An Empirical Investigation of Thai Banking, Finance & Insurance Sector [J]. International management Review, 2007, 3(2): 14-25.

[192]Raine, Ika. Assessing Knowledge Assets: A Review of the Models Used to Measure Intellectual Capital[J]. International Journal of Management Reviews, 2002, 7(3): 112-125.

[193] Burt. Developing a Model for Management Intellectual Capital[J]. European Management Journal, 1996, 12(6): 1256-1289.

[194] Mohammad Alipour. The Effect of Intellectual Capital on Firm Performance: An Investigation of Iran Insurance Companies[J]. Measuring Business Excellence, 2012, 16(1): 53-66.

[195] Wen-Min Lu, Wei-Kang Wang, Qian Long Kweh. Intellectual Capital and Performance in the Chinse Life Insurance Industry [J]. Omega, 2014, 2(42): 65-74.

[196] Riahi-Belkaoui A. Intellectual Capital and Firm Performance of US Multinational Firms: A Study of the Resource-based and Stakeholder Views[J]. Journal of Intellectual Capital, 2003, 4 (2): 215-226.

[197] Tan H. P. Intellectual Capital and Financial Returns of Companies [J]. Journal of Intellectual Capital, 2007, 8(1): 76-95.

[198] Zéghal D, Maaloul A. Analysing Value Added as An Indicator of Intellectual Capital and its Consequences on Company Performance[J]. Journal of Intellectual Capital, 2010, 11(1): 39-60.

[199] Rossi F. D Celenza. The Relationship between Intellectual Capital (IC) and Stock Market Performance: Empirical Evidence from Italy[J]. Journal of Modern Accounting and Auditing, 2012, 8 (11): 1729-1741.

[200] Peña I. Intellectual Capital and Business Success[J]. Journal of Intellectual Capital, 2002, 3(2): 180-198.

[201] Tovstiga G, Tulugurova E. Intellectual Capital Practices and Performance in Russian Enterprises[J]. Journal of Intellectual Capital, 2007, 8(4): 695-707.

[202] Khani A. H. A. The Impact of Intellectual Capital on Performance of Iranian Food Firms[J]. Interdisciplinary Journal of Contemporary Research in Business, 2011, 2(10): 315-327.

[203] Wang J. C. Investigating Market Value and Intellectual Capital for

S&P 500[J]. Journal of Intellectual Capital, 2008, 9(4): 546-563.

[204] Firer S, Williams S M. Intellectual Capital and Traditional Measures of Corporate Performance[J]. Journal of Intellectual Capital, 2003, 4(3): 348-360.

[205] Khalique M. Role of Intellectual Capital on the Organizational Performance of Electrical and Electronic SMEs in Pakistan[J]. International Journal of Business and Management, 2011, 6(9): 253-257.

[206] Chu S. K. W. Charting Intellectual Capital Performance of the Gateway to China[J]. Journal of Intellectual Capital, 2011, 12(2): 249-276.

[207] Kamath G. B. Intellectual Capital and Corporate Performance in Indian Pharmaceutical Industry[J]. Journal of Intellectual Capital, 2008, 9(4): 684-704.

[208] Choudhury J. Performance Impact of Intellectual Capital: A Study of Indian it Sector[J]. International Journal of Business and Management, 2010, 5(9): 72-80.

[209] Chang W. S, Hsieh J. J. Intellectual Capital and Value Creation-Is Innovation Capital a Missing Link? [J]. International Journal of Business and Management, 2011, 6(2): 3-12.

[210] Muhammad N. M. N, Ismail M. K. A. Intellectual Capital Efficiency and Firm's Performance: Study on Malaysian Financial Sectors[J]. International Journal of Economics and Finance, 2009, 1(2): 206-213.

[211] Chan K. H. Impact of Intellectual Capital on Organisational Performance: An Empirical Study of Companies in the Hang Seng Index(Part 2)[J]. The Learning Organization, 2009, 16(1): 22-39.

[212] Maditinos D. The Impact of Intellectual Capital on Firms'Market Value and Financial Performance[J]. Journal of Intellectual

Capital, 2011, 12(1): 132-151.

[213] Bontis N. Intellectual Capital and Business Performance in Malaysian Industries[J]. Journal of Intellectual Capital, 2000, 1(1): 85-100.

[214] Maditinos D. Intellectual Capital and Business Performance: An Empirical Study for the Greek Listed Companies[J]. European Research Studies, 2010, 13(3): 145-167.

[215] Wang W. Y, Chang C. F. Intellectual Capital and Performance in Causal Models: Evidence from the Information Technology Industry in Taiwan[J]. Journal of Intellectual Capital, 2005, 6(2): 222-236.

[216] Cohen S, Kaimenakis N. Intellectual Capital and Corporate Performance in Knowledge-intensive SMEs[J]. The Learning Organization, 2007, 14(3): 241-262.

[217] Kamukama N. Intellectual Capital and Performance: Testing Interaction Effects[J]. Journal of Intellectual Capital, 2010, 11(4): 554-574.

[218] Tseng C, Goo Y. J. Intellectual Capital and Corporate Value in an Emerging Economy: Empirical Studies of Taiwanese Manufacturers[J]. R&D Management, 2005, 35(2): 187-201.

[219] Cheng M. Y. Invested Resource, Competitive Intellectual Capital, and Corporate Performance[J]. Journal of Intellectual Capital, 2010, 11(4): 433-450.

[220] Burt R. S. The Contingent Value of Social Capital[J]. Administrative Science Quarterly, 1997, 42(2): 339-365.

[221] Menor L. J. Examining the Influence of Operational Intellectual Capital on Capabilities and Performance[J]. Manufacturing & Service Operations Management, 2007, 9(4): 559-577.

[222] Hsu L, Chao-Hung Wang. Clarifying the Effect of Intellectual Capital on Performance: The Mediating Role of Dynamic Capability[J]. British Journal of Management, 2012, 23(2):

179-205.

[223] Bollen L. Linking Intellectual Capital and Intellectual Property to Company Performance [J]. Management Decision, 2005, 43 (9): 1161-1185.

[224] Kamukama N. Competitive Advantage: Mediator of Intellectual Capital and Performance [J]. Journal of Intellectual Capital, 2011, 12(1): 152-164.

[225] Kuczmarski T. D. Fostering an Innovation Mindset [J]. Journal of Consumer Marketing, 1996, 13(6): 7-13.

[226] Reed K. K. Proposing and Testing an Intellectual Capital-Based View of the Firm [J]. Journal of Management Studies, 2006, 43 (4): 867-893.

[227] Zerenler M. Intellectual Capital and Innovation Performance: Empirical Evidence in the Turkish Automotive Supplier [J]. Journal of Technology Management & Innovation, 2008, 3(4): 31-40.

[228] Juma N, McGee J. The Relationship between Intellectual Capital and New Venture Performance: An Empirical Investigation of the Moderating Role of the Environment [J]. Inter national Journal of Innovation and Technology Management, 2006, 3(4): 379-405.

[229] Tovstiga G, Tulugurova E. Intellectual Capital Practices: A Four-region Comparative Study [J]. Journal of Intellectual Capital, 2009, 10(1): 70-80.

[230] Wernerfelt B. A Resource—Based View of the firm [J]. Strategic Manangement Journal, 1984, 19(5): 55-67.

[231] Grant R. M. The Resource-based Theory of Competitive Advantage: Implications for Strategy Formulation [J]. California Management Review, 1991, 33(2): 122-131.

[232] Tomer P. M. Endogenous Technological Change [J]. Journal of Political Economy, 1990, 98(10): 71- 102.

[233] Nahapiet, Ghoshal. Social Capital, Intellectual Capital and the

Organizational Advantage[J]. Acadamy of Mfanagement Review, 1998, 23(2): 242-266.

[234] Bontis N. Intellectual Capital: An Exploratory Study that Develops Measures and Models[J]. Management Decision, 1998, 3(2): 63-76.

[235] Bontis N. Managing Organizational Knowledge by Diagnosing Intellectual Capaital: Forming and Advancing the State of the Field [J]. International Journal of Technology Management, 1999, 18(5/6/7/8): 433-462.

[236] Marr B., Gray D., Neely A. Why Do Firms Measures Their Intellectual Capital[J]. Journal of Intellectual Capital, 2003, 4(4): 441-464.

[237] Rompho B., Sieng thai S. Integrated Performance Measurement System for Firm's Human Capital Building [J]. Journal of Intellectual Capital, 2012, 13(4): 482-514.

[238] Baum J. A, Silverman B. S. Picking Winners or Building Them? Alliance, Intellectual, and Human Capital as Selection Criteria in Venture Financing and Performance of Biotechnology Straps [J]. Journal of Business Venturing, 2004, 23(4): 411-436.

[239] Bontis N., Fitz-enz S. Intellectual Capital ROI: a Causal Map of Human Capital Antecedents and Consequents [J]. Journal of Intellectual Capital, 2002, 3(3): 223-337.

[240] Alipour M. The Effect of Intellectual Capital on Firm Performance: an Investigation of Iran Insurance Companies [J]. Measuring Business Excellence, 2012, 16(1): 53-66.

[241] Chan K. H. Impact of Intellectual Capital on Organizational Performance: An Empirical Study of Companies in the Hang Seng Index (Part 2)[J]. The Learning Organization, 2009, 16(1): 22-39.

[242] Riahi-Belkaoui. Intellecutal Capital and Firm Performance of US Multinational Firms[J]. Journal of Intellectual Capital, 2003, 6(12): 125-134.

[243] Hall P., Wolf R. C L, Yao Q. Methods of Estimating a

Conditional Distribution Function [J]. Journal of the American Statistical Association, 1999, 94: 154-163.

[244] Ordonez de Pablos P. "Guanxi" and Relational Capital: Eastern and Western Approaches to Manage Strategic Intangible Resources [EB/OL]. http://www.iacmr.orgr03-065.pdf.

[245] Pulic A. Measuring the Performance of Intellectual in Knowledge Economy [EB/OL]. http://www.vaic-on.net/download/Papers/Measuring% 20the% 20performance% 20of% 20Intellec tual% 20Potential.pdf.

[246] Williams M. The Association between Gender and Ethnic Diversity of Board Structure on the Intellectual Capital Performance of Publicly Listed Companies from an Emerging Economy: Evidence from South Africa [EB/OL]. http://www.vaic-on.net/download/Paper3.pdf.

[247] Evenson R. E, Westphal L. E. Technological Changed and Technological Strategy [G]. In Handbook of Development Economics, Amsterdma, North-Hollnad, 1995, 3(A): 2209-2299.

[248] Anshori M., Iswati S. The Influence of Intellectual Capital to Financial Performance at Insurance Companies [N]. Paper Presented at 13th Asia Pacific Management Conference in Jakarta Stock Exchange (JSE) Melbourne, 2007.

[249] Public A. Measuring the Performance of Intellectual Potential in Knowledge Economy [N]. Paper Presented at the 2nd Word Congress on Measuring and Managing Intellectual Capital, McMaster University, Hamilton.